사관학교와
해군 장교생활 9년의 기록

해군사관학교에서
바다의 리더십을 배우다

사관학교와
해군 장교생활 9년의 기록

해군사관학교에서
바다의 리더십을 배우다

전의진 지음

추천사

현역 신분이 아닌 저자의 선배이자 해군사관학교, 해군을 경험한 한 사람으로서 이 글을 쓴다.

저자를 처음 만난 것은 2015년 말, 내가 이순신함 함장으로 재직 중일 때다. 저자의 첫 이미지는 기존 군인들과는 약간 다르다는 느낌이었다. 통상적으로 선배(상급자)를 대하기 어려워 하는 군대 문화 속에서 저자는 나를 전혀 어렵게 느끼지 않는다고 생각되었기 때문이다. 저자의 태도는 내게 나쁘게 보이지 않았고, 오히려 장점이 많다고 생각했다. 상급자인 내게 편하게 다가오는 후배이기에 업무 지시와 수행의 과정 속에서 편하고 자연스러운 소통이 가능했기 때문이다.

나는 저자의 현역 복무 시절, 그를 보며 '돈키호테' 같다고 생각한 적이 있었다. 그는 주어지는 업무를 전혀 두려워하지 않았다. 어떠한 업무를 맡겨도 긍정적으로 받아들이고, 일단 부딪혀 보는 적극성이 있었다. '돈키호테'와 같이 밀어붙이는 저자의 적극성과 긍정적인 사고방식을 보면서 나는 그를 훌륭한 장교로 인정하였고 군에서 큰 역할을 할 수 있을 것이라 기대했다. 물론 저자가 중간에 전역하면서 나의 이러한 바람은 깨졌지만, 전역 후 군 생활을 회고하면서 책을 발간한다는 저자의 말을 듣고는, 전역 후에도 그 시절의 마음과 태도를 견지하고 있다는 것을 알 수 있었다.

이 책의 추천사를 부탁받아 내용을 읽어보면서 지금까지 이러한 책이 없었다는 사실이 개탄스러웠다. 일찍이 누군가는 이러한 책을 쓸 수 있었겠지만, 그 누구도 실행으로 옮길 수 있는 용기를 내지 못했기 때문이다.

이 책은 미래를 고민하는 청소년과 간접적으로 해군을 이해하고자 하는 사람들, 또한 가치관 형성에 대해 고민하는 이들에게 꼭 읽어 볼 것을 권하고 싶다. 특히 사관학교와 직업 군인에 대해 관심 있는 사람이라면 더욱 그렇다. 이 책은 사관학교와 군 생활에 대해 간접적으로 경험하기에 아주 좋은 책이다.

저자도 이미 해군사관학교를 졸업하고 6년이라는 시간이 흘렀기 때문에 저자가 생활했던 시기와 지금의 해군사관학교는 또 다를 것이지만, 그때나 지금이나 생도생활을 관통하는 큰 흐름은 비슷할 것이다. 나 또한 이 책을 읽으며 나의 생도생활을 회상하고 그 시절의 어려움과 즐거움을 되돌아보는 계기가 되었다.

이 책에는 사관학교를 졸업하고 난 뒤 장교로 임관하여 경험한 내용이 풍성하게 기록되어 있다. 저자의 군 복무기간이 5년에 불과하고 장교생활에 국한되어 있기에 해군의 모든 것을 담지는 못했지만, 해군을 진로로 생각하는 사람에게는 충분한 내용일 것이다. 나는 책을 읽어보면서 나는 저자가 경험했던 사건들과 그 안에서 느낀 감정과 생각들, 그로 인해 저자의 가치관이 바뀌어 가는 것들까지 엿볼 수 있었는데 그의 가치관은 그저 앞만 보고 달려왔던 내가 한 번 더 생각할 수 있는 계기를 심어주었다. 앞으로 어떠한 것을 할 것인지, 어떠한 생각으로 살아야 할 것인지에 대해 고민이 있는 사람들도 저자의 가치관 형성 과정을 보면서 본인의 삶을 다시 생각하고 설계할 수 있을 것으로 생각된다. 그리고 내용 사이 사이에 담겨 있는 저자 특유의 재치와 유머러스함은 책을 끝까지 재미있게 읽을 수 있도록 도와 주는 윤활제가 되었다.

내가 해군사관학교를 졸업한 지 벌써 24년이 흘렀다. 현재 진해에 있는 해군부대에서 재직 중이라 해군사관학교가 지척에 있지만, 생도들이 어떠한 생활을 하는지는 잘 모른다. 어렵고 힘든 것은 상대적이기 때문에, 나의 생도시절과 요즘의 생도시절을 비교하는 것은 무의미할 것이지만 생도 생활이 결코 쉽지 않다는 사실은 알고 있다. 생도생활! 그 시절은 정말 힘들었지만, 지금은 추억으로 남아 즐거운 일들이 대부분이다. 나의 젊음을 되돌려 줄 테니 다시 하라고 한다면 다시 하고 싶다는 생각도 든다. 인생이라는 것이 이런게 아닐까?

나는 해군사관학교 합격 후 입교하기 전까지 수영을 배웠다. 해군이니 당연히 수영을 할 줄 알아야 하며, 사관학교에 들어가면 바로 수영을 할 것으로 생각했기 때문이다. 그러나 책에서도 언급되었듯이 전혀 그럴 필요가 없었다. 사관학교에서 모든 것을 다 가르쳐 주었기 때문이다. 4년의 생도생활은 실내수영장에서도 제대로 오가지 못하던 나를 5Km에 달하는 거리의 바다에서 수영할 수 있도록 만들어주었다. 또한 가입교를 할 때에도 많은 동기들이 머리를 깎고 들어왔지만, 이 또한 그럴 필요가 없었다는 것을 가입교 당일 바로 알게 되었다. 머리를 깎고 왔든 아니든 간에 모두가 다시 이발을 해야 했다. 시간이 흘러도 함께 공감할 수 있었던 사관학교에서의 다양한 사건들이 이 책에 모두 담겨 있다.

저자가 전역했다는 사실은 해군의 훌륭한 자원이 유출되었다는 것이기에 매우 아쉽게 느껴진다. 그러나 사회에서 국가와 국민을 위해 기여할 수 있는 부분이 보다 더 많을 것이기에 앞으로 그의 발전과 활약을 기대하며 앞으로의 삶을 응원한다. 그리고 현재 내가 속한, 그가 속했던 해군과 우리 해군이 지키고 있는 대한민국의 영원한 발전과 번영을 간절히 기원한다.

_ 2020년 3월 대령 복범수

해군사관학교 생도 그리고 해군 장교로서의 생활은 실제 경험해보지 못한 사람이라면 짐작하기 힘들다.

저자는 바다와 함께 했던 9년의 시간을 사실적이고 구체적인 글로 담아냈고, 해군사관학교를 나온 사람이라면 누구나 공감할 수 있는 사건들과 느낌들로 내용을 구성했다.

사람의 짧은 인생은 시간을 낭비함으로써 더욱 짧아진다고 한다. 하지만 저자가 추구하는 시도하고 도전하는 삶은 반대로 그의 인생을 더욱 길게 만들어주었을 것이다. 그리고 그의 경험이 담긴 이 책은 다른 누군가의 인생 또한 길게 만들어주기에 충분하다.

_ 해군사관학교 63기 김종건

고등학교를 갓 졸업한 우리는 해군사관학교에서 만났다. 우리는 사관학교에서 함께 땀을 흘리고 바닷바람을 맞으며 꽃을 피우기 위해 먼저 잡초가 되어야 한다는 것을 배웠다. 생도생활 속 저자는 인생의 꽃을 피우기 위해 뿌리를 넓고 깊게 내리려 하는 사람이었다. 우리의 대화 속에는 언제나 로망과 웃음이 있었고 서로에 대한 믿음이 있었다. 동기로서 우리가 느끼는 유대감은 해군사관학교가 나에게 선물해준 추억이자 인생의 자산이다.

_ 해군사관학교 68기 전현욱

바다와 함께 한 시간여행

내가 20대가 되어 사관학교에 들어간 순간부터 내 곁에는 늘 바다가 있었다. 나는 늘 바다를 바라보는 자리에 있었거나 물 위를 떠다녔으며, 때로는 물속에 있었다.

입시 면접을 위해 해군사관학교에 처음 갔을 때의 풍경과 감정을 지금도 기억하고 있다. 하늘은 파랬고 햇살은 눈이 부셨다. 바다는 평화로우면서도 생명의 힘으로 가득 찬 아우라를 뿜어내며 스무 살 청춘이었던 나를 강력하게 잡아끌었다.

그리고 그때부터 나는 바다와 함께 살았다. 때로는 끝없이 펼쳐진 바다가 보여 주는 형형색색 아름다움에 취해보기도 했고, 산들거리는 해풍을 맞으며 낭만에 빠지기도 했으며, 파도와 너울과 폭우와 태풍이 몰아치는 바다의 노여움을 겪어 보기도 했다.

나의 20대 청춘은 늘 바다와 함께였으며, 어느 순간 바다는 내 삶에서 떼어 놓고 생각할 수 없는 존재가 되어 있었다.

내가 처음 이 글을 쓰기로 마음먹었을 때, 가장 먼저 들었던 생각은 현재 내가 서 있는 청춘이라는 단어에 대한 개념 정립이었다. 인생이라는 긴 여행에서 현재 내가 서 있는 청춘이란 단어로 불리는 그 시간의 과정은 과연 무엇이고, 언제부터였으며, 언제 끝나는 것인지에 대해 생각하면서 나름대로 그 단어가 가지고 있는 가치에 대해 정립해보고자 한 것이었다.

일반적으로 '청춘'이라는 단어는 젊음, 열정, 뜨거운 사랑, 패기와 같은 의미를 포함한다. 많은 사람들이 아무렇지도 않게 흔히 쓰는 단어지만 실제로 청춘이라는 단어가 갖는 의미에 대해서 얼마나 깊게 생각해보고 사용하고 있는지에 대한 의문도 함께 들었다. 특히나 요즘은 청춘이 곧 취업난과 그로 인한 경제적인 어려움과 미래에 대한 불안감과 자포자기와 같은 말의 동의어가 된 것만 같아서 안타까운 마음이 든다. 고달프고, 상처받고, 힘겨운 현실을 당연히 견뎌내야 하는 의미로 '청춘'이라는 단어가 사용되는 것 같아 아쉽기도 하다.

어른이 되어가는 과정은 쉽지 않으며 당연히 역경과 고난이 존재한다. 부모님 품에서 벗어나 독립적으로 판단하고 행동하는 첫 시기이며, 처음 겪는 사회생활과 조직 문화에 적응하는 게 쉬울 리 없기 때문이다. 하지만 언제까지

나 부모님 품 안에서 안주할 수는 없으며 독립해야 하는 시기가 찾아온다. 이 과정 속에서 두려움을 느끼는 것은 당연할 것이다.

　우리 삶에서 청춘은 짧은 한순간에 불과하다. 그래서 그런 시기를 지나쳐 보낸 사람 혹은 끝자락에 있는 이들은 청춘을 그리워 하고 후회하는 경우가 많다. 청춘의 중요한 가치인 열정이 만들어 낼 수 있는 무궁무진한 가능성을 알고 있기 때문이다. 그래서 그들은 대개 청춘이라는 단어에 담긴 긍정적인 의미에 초점을 맞춘다.

　반대로 지금 청춘의 시기를 보내고 있는 사람들은 그들이 현재 감내하고 있는 현실의 무거움으로 인해 부정적인 의미에 초점을 맞추는 경우가 많다. 그렇다면 우리는 어디에 초점을 맞추어야 할까?

　여기에서 우리가 간과해서는 안 되는 중요한 본질이 있다. 청춘이라는 단어가 함유하고 있는 열정과 패기와 같은 긍정적 가치들은 인생의 역경과 고난을 잘 이겨낼 수 있도록 도와 주는 중요한 요소라는 점이다.
　나는 청춘이라는 단어를 어떻게 해석하고 어떠한 마음가짐으로 보내느냐에 따라 미래 또한 달라질 것이라 믿는다. 나는 이런 믿음 속에서 지금도 청춘을 살아가고 있다.

　청춘이란 물리적 젊음을 의미하는 것으로 쓰이지만 나는 좀 다르게 인식한다. 청춘이란 경험을 통하여, 생각과 사고를 통하여, 그로부터 비롯된 변화를 통하여, 그리고 수많은 사람들과 접촉하면서 개인 간 경계의 충돌이 이루어 낸 다양하고 복합적인 상황 속에서 느꼈던 감정과 뒤섞여 나에게는 그 이상의 가치를 지닌다. 나 역시 현재 청춘의 한가운데에서 무한한 가능성에 초점을 맞추고 있기 때문이다.

　내 청춘의 나날을 돌아보자면 스무 살이 되어 사관학교에 입교한 생도시절을 포함해 9년이라는 시간이 포함되어 있다. 그리고 시간적 개념이 아닌 대상을 기준으로 바라보자면, 내 청춘의 일부는 대한민국에, 가족에, 연인에 그리고 나 자신에게 있었다.

　해군사관학교 4학년 생도시절, 순항훈련을 하면서 전 세계 바다를 일주하는 항해를 했다. 함미 갑판에 앉아 캄캄한 밤하늘을 가득 채우고 있는 별들을 보면서 나 자신의 정체성과 내 삶에 대해서 처음으로 생각해보고 돌아보는 기회를 가질 수 있었다. 내가 좋아하는 것, 하고자 하는 것, 내 가치관, 목표, 성향과 기질 등에 대해 깊이 생각하면서 조금씩 나 자신이 어떤 사람인지에 대해 정립하게 되었고, 내 인생의 큰 전환점을 맞이하게 되었다.
　그 시점 이후로 나 자신에 대해 알아가는 과정 속에서 스스로 사고하고 판단하면서 내 안의 열정과 의욕에 따라 행동하게 되었다. 순항훈련은 내가 스스로 청춘을 인지하기 시작한 청춘의 출발점이 되었다.

　우리가 살아오면서 정립한 가치들은 이를 표현하고 행동할 수 있는 주체가 필요하다. 가치는 행동과 말로 표현되며 표현은 다른 사람과 상호작용을 하면서 주체를 더욱 성장시키고 성숙시킨다.
　내가 수많은 시간 동안 정립해왔던 가치들은 나 자신이 어떤 사람인가에 대한 각성과 함께 앞으로 어떻게 살 것인지에 대한 방향을 잡을 수 있도록 도와주는 나침반이 되었다. 나를 되돌아 보며 내가 원하는 것은 무엇이고, 어떤 것을 좋아하며, 잘 할 수 있는지 알 수 있었다. 마치 생도 4학년 시절 순항훈련 항해를 하면서 바라보았던 밤하늘, 그 하늘을 수놓고 있던 별들처럼 머릿속에서 반짝거리며 떠올랐던 생각들이 동시다발적으로 이루어진 순간이었다. 처음으로 내 삶을 주체적으로 살고자 자각했던 순간이며, 내가 직접 설계할 것이라는 다짐을 하게 되었던 순간이다.

그날의 사고 전환을 계기로 하루하루가 즐거워지기 시작했다. 나는 일반대학이 아닌 장교 양성이라는 특수 목적을 가지고 있는 해군사관학교에 진학했다. 처음 그곳에서 시작된 생활은 이제 막 고등학교를 졸업한 스무 살의 내게 다소 생소하고 가혹하게 다가왔다. 그때 나는 명령에 절대적으로 복종해야 하는 문화 환경과 제도적 불합리함에 초점을 맞추고 있었고, 늘 불만을 품고 있었으며, 주체적으로 삶을 이끌어 간다기보다는 그냥 시간이 지나가기만 바라며 버티는 생도 중 하나였던 것 같다.

나 자신의 삶을 설계하는 주체적인 태도로의 변화는 자신을 성숙시키고 발전시킬 수 있는 것들에 초점을 맞추도록 도와 주었다. 그리고 현실의 고난과 역경에서 마냥 힘들어 하고 불만을 가지는 것보다 이를 해결하기 위해 노력할 수 있는 방향성을 잡아 주었다. 누구나 마주한 난관은 세상에서 가장 어려운 법이지만 그 어려움을 이겨 낸다면, 같은 성격의 또다른 난관이 다시 찾아올 때 그건 더이상 장애물이 아니라는 사실을 알게 된다. 내게는 이 과정이 곧 스스로의 성장을 의미했으며, 성장이라는 동기는 내가 더욱 능동적이고 노력하는 삶을 살도록 하는 중요한 요소 중 하나가 되었다.

주체적인 태도로의 변화는 내가 좀 더 성장하기 위해 나 자신을 객관화시켜 생각할 수 있는 계기를 마련해 주는 계기가 되었다. 사람은 감정에 따라 행동하며, 감정적 행동은 곧 결과에 영향을 미친다. 주관적으로 감정에 치우쳐 내리는 판단과 행동은 때로는 더 좋지 않은 결과를 가져오기도 한다.

나 자신에 대해서 제대로 아는 방법이 있다면, 그것은 어떠한 상황에서 내가 느끼는 주관적인 감정을 확인하고 이에 반응하여 나오는 행동과 말과 같은 표현을 살피는 것에서 시작한다. 내 감정을 잘 관리하고 극복하는 것 또한 나에게는 도전이자 해결해야 할 과제였으며, 내 감정을 이해하고 받아들이며 객관적인 내 상황을 살피기 위해 노력했다. 그리고 나 자신을 객관화하여 판단하고 이어지는 행동은 나와 나를 둘러싼 환경에 긍정적인 변화를 가져다 주었다.

나는 나 스스로 청춘을 인지하기 시작한 사관학교 생도시절부터 장교시절까지 9년의 시간을 마무리하는 시점에서 나의 20대를 함께 했던 해군에서의 생활을 정리해보고자 이 글을 쓰기 시작했다. 내가 해군에서 겪었던 다양한 사건들과 그 속에서 느꼈던 깊은 감정들을 다시한번 상기하면서 나 자신을 되돌아볼 수 있는 기회를 얻을 수 있었다.

내가 사관학교 생도로 시작해 해군장교로 임관해 살아왔던 긴 시간으로부터 얻은 경험과 생각이 어느 누군가에게는 또 다른 삶을 살아가는 한 사람의 즐거운 이야깃거리로, 해군에 관심이 있는 사람에게는 해군사관학교와 장교생활에 대한 호기심으로 다가가길 희망한다.

이 책에 어떤 내용을 적을지 고민해보고 생각하는 과정에서, 내가 찾은 감사함과 행복이 과분할 정도로 많았다는 사실에 다시 한 번 감사함을 느끼며, 나는 운이 좋은 사람이라는 것을 새삼 깨닫게 된다.

_ 전의진

차 례

PART 2 나는 대한민국 해군장교다

순항훈련(프랑스)

▲ 순항훈련(대조영함)

▼ 미 공군부대에서

▲ 명예중대 구보

▼ 완전무장 훈련

▲ 분대원 사진

▲ 순항훈련을 마치고 귀항식 중에서

▲ 순항훈련(말레이시아)

▲ 순항훈련(에콰도르)

▼ 공적여행(일본)

▲ 순항훈련(벨기에)

▼ 순항훈련(캐나다)

▲ 행사 중인 생도들

▲ 졸업식에서 예식모를 던지는 생도들

PART. 1

해군사관생도들의 낮과 밤

새로운 시작,
함께 하는 생활에서 깨닫게 되는 것들

지금까지 살아온 그리 길지 않은 내 삶에서 사관생도와 해군장교로 보낸 9년은 매우 큰 부분을 차지한다.

생도들은 해군사관학교를 '다이내믹 해사'라고 불렀다. 해군사관학교 내에서는 끊이지 않는 이벤트가 연속해서 발생하기 때문이었다. 군에 입대한 사람들이 처음으로 가게 되는 훈련소처럼 생도들은 먼저 '가입교'에서부터 시작해 선배들의 졸업식, 매주 적어도 한 번은 실시되는 행사와 훈련, 학과생활, 얼차려, 전투수영, 휴가, 육사와 공사와의 친선교류 등 일반대학 생활에서는 경험할 수 없는 수많은 상황들을 접하게 된다.

생도생활을 돌이켜 보면, 당시에는 힘들고 짜증나는 경우도 많았지만, 지금 돌이켜 보면 앞으로 삶을 살아가는 데 있어 중요한 가치들을 많이 배울 수 있었던 시기였다고 생각한다. 일반대학이 아닌 특수목적 대학인 사관학교였기 때문에, 일반대학에서 배울 수 있는 경험과 가치들에 대해서는 경험할 기회가 적었지만, 특수한 환경 속에서 오히려 다양하고 가치있는 경험을 할 수 있었기 때문이다.

내게 사관학교에서 얻은 가장 중요하고 큰 가치가 무엇이냐고 묻는다면 나는 단체생활을 통해 얻은 인간관계 능력이라고 자신 있게 말할 수 있다. 사람은 태어날 때부터 사회적 관계를 지니고 살아간다. 인간관계는 모든 긍정적 가치의 출발점이며 궁극적인 행복의 열쇠가 된다. 가장 좋은 기억과 나쁜 기억은 사람과의 관계 속에서 발생하며, 우리는 인간관계를 통해 삶에 대해 배우고 성장하며 서로간의 이해와 존중을 주고받는다. 요즘처럼 외로움을 느끼는 사람들이 많아지고, 소통의 부재가 만연해지고 있는 현대사회에서 인간관계라는 가치는 더욱 빛을 발할 수밖에 없을 것이다.

난 고등학교시절 상대적으로 성적이 높은 학생에 속했다. 우수한 학생을 판별하는 기준이 단순히 시험성적뿐인 상황 속에서 나는 공부를 잘하는 학생이었으며, 이에 대해 스스로 자부심을 가지고 있었다. 하지만 공부를 잘하는 학생들이 모여든 사관학교에서 다양한 성향의 사람들과 단체생활을 하고 가까이 지내게 되면서 공부가 전부가 아니라는 것과 세상에는 잘난 사람이 많다는 것을 깨닫게 되었다. 그리고 입학성적과 크게 관련이 없는 생도들의 학업성적을 체감하면서 고교시절의 내신과 시험은 사람을 평가하는 수많은 가치들 중에서 그저 순위를 매기는 하나의 기준일 뿐 사람 자체의 능력을 판단할 수 없다는 것을 알게 되었다.

단체생활을 하다 보면 타인의 단점이 많이 보이기도 하지만, 반대로 장점도 자연스럽게 많이 보이게 된다. 꼭 성적이 높지 않더라도 배려심이 깊은 사람, 끊임없이 노력하는 사람, 선한 사람, 주변에 친구가 많은 사람 등 주변의 모든 사람에게는 배울 점이 있다는 것을 알게 되었고 타인에게서 배울 점이 있다는 것을 깨닫는 과정 속에서 자연스럽게 상대방을 존중하는 방법을 배우게 되었다.

사람마다 차이가 있겠지만 나는 이런 사실을 생도시절에 깨닫게 되었다.

이와 함께, 나 자신의 부족함을 깨닫게 되면서 비로소 나 스스로 성장할 수 있는 출발선에 설 수 있었다.

단체 생활을 하다보면 인간관계에 대해서 자연스럽게 고민하게 되고 시행착오를 통해 인간관계에 대해 조금씩 배워나가는 과정을 거친다. 인간관계의 주체는 개인이며, 생각과 감정은 말과 행동을 통해 표현된다. 긍정적인 표현은 상대방에게 긍정적인 영향을 주지만 부정적인 피드백은 상대방에게 부정적인 영향을 미치고 이는 다시 부정적 피드백으로 되돌아 온다. 인간관계 속에서 발생하는 나 자신과 관련된 문제들은 모두 나의 표현 또는 나의 피드백을 통해 시작되기 때문에 나 자신이 스스로 표현 하나하나에 조금 더 신경을 써야 하며, 나 자신에게서 문제를 찾고 해결해 나가야 한다.

나는 해군사관학교 생도로 단체생활을 하면서 내가 가지고 있는 문제를 찾기 시작했고, 나를 변화시키기 위한 노력을 하게 되었다. 나의 변화는 내 주변을 변화시키고 내 삶을 변화시켰다. 해군사관학교에서 배울 수 있었던 인간관계 능력은 현재의 내게 가장 큰 자산이 되었다고 말할 수 있다.

사관학교는 이것이 다르다

장교로 임관하기 위해 준비하는 생도로서 배우고 느끼는 가치는 일반대학생들과 차이가 있다. 동기들과 동일한 과정을 경험하고 공유하면서 느꼈던 동질감, 소속감, 공감과 이해, 배려와 존중과 같은 정신적인 요소들과 더불어 정해진 시간에 대한 개념, 일찍 일어나는 습관, 정리정돈을 필수적으로 해야 하는 생활에서 몸에 자연스럽게 체득되는 생활태도와 같은 것들이다. 어쩌면 이는 사관학교에서 배울 수 있는 가장 큰 장점 중 하나라고 할 수 있는

대한민국 해군사관학교 로고, 그냥 너무 멋지다.

데, 하나의 습관으로서 몸에 배인 이런 강점들은 내가 평생 동안 살아가면서 활용할 수 있는 좋은 경험이 되었다.

사람들이 좋았던 경험을 분류하는 기준은 다양하지만 중요한 것은 우리가 경험을 어떻게 기억하느냐 하는 점이다.

현재의 나를 만든 과거의 경험들은 실제 과거의 내가 다양한 생각과 감정을 느낀 수많은 사건들로 구성되어 있다. 결과적으로 내 삶에 좋은 영향을 주게 된 사건은 좋았던 기억으로 자리를 잡게 된다. 우리는 모든 사건들과 그 안에서의 감정과 느낌을 기억할 수 없으며, 나중에 과거의 일을 끄집어 낼 때 사용되는 것은 그 당시의 느낌과 감정이 아닌 전체적으로 뭉뚱그려진 기억이다. 따라서 우리는 삶속에서 겪게 될 수많은 사건들을 내 삶에 좋은 영향을 주는 사건으로 만드는 데 초점을 맞추어야 한다.

나는 현재 내가 느끼고 경험하는 사건들이 나중에 좋았던 기억으로 자리 잡을 수 있기를 희망한다. 지금의 경험을 어떻게 내 삶에 긍정적인 영향을 줄 수 있도록 할 수 있을까 고민하면서, 내가 성장하고 극복한 경험은 결국 내게 긍정적인 영향을 미친 기억으로 남기 때문이다.

살아가면서 느끼는 고난과 역경에 부딪치면서 느끼는 좌절을 이겨내지 못하면 나중에도 좌절로 기억될 테지만 이를 극복하고 해결한다면 극복이라는 결과 속 과정으로 편입된다. 그래서 나는 현재 내가 겪고 있는 모든 경험들이 미래의 훌륭한 나 자신이 될 수 있도록 도와 주는 자양분이 될 것이라고 생각하기로 했다. 또한 생각만 한다고 해서 내가 훌륭한 사람이 되는 것은 아니기 때문에 내 경험들이 내 삶을 이끌어가는 에너지원이 될 수 있도록 모든 사건에서 배우고 교훈을 얻기 위해 노력하게 되었다.

나는 일기를 쓰고 있다. 과거를 떠올려 보면 좋았던 추억으로 기억하고 있는데, 내가 썼던 일기를 읽다 보면, 힘들고 부정적인 감정들로 가득 찬 문장을 보고 놀라는 경우가 있다. 미래의 나 또한 현재의 내가 기록한 경험과 감정을 보며 내가 이런 생각을 했다는 것이 새롭게 느껴질 수도 있을 것 같다. 내가 과거를 떠올릴 때 좋은 기억으로 남아 있는 이유는 삶의 자양분으로 만들기 위하여 내게 주어진 문제들을 하나씩 이겨내기 위해 노력한 결과일 것이다.

내게 사관생도 생활은 스스로 내 삶을 설계하게 되면서 처음으로 부딪치게 된 사건이자 경험이었다. 낯선 환경에서의 생활, 처음 경험하는 제도와 시스템 속에서의 단체생활, 선후배와 동기들과의 관계, 극한의 훈련 등 모든 것이 새로웠고, 어려운 도전이었으며, 해결해야 할 과제들이었다. 하루하루가 길게 느껴졌다. 마치 어린아이가 된 기분이었다.

시간의 속성은 상대적이다

우리가 느끼는 시간은 모두가 다른 것 같다. 우리는 공통적으로 어린 시절의 시간이 더욱 느리게 흘러갔었다는 걸 인식하면서 나이가 들어가는 동안 시간이 점점 빠르게 지나간다는 느낌을 받는다. 시간이 점점 빠르게 지나간다고 느끼는 이유는 우리가 점차 주변에서 호기심을 끌 만한 것들이 사라지기 시작하고 익숙해졌기 때문이다. 가령 직장생활을 하면서 반복적인 일상이 지속된다면 새로운 상황은 드물다. 하루 종일 바쁘게 무언가 일을 했지만 기억할 만한 특별한 요소가 없기 때문에 시간이 더 빠르게 지나가는 느낌을 받는 것 같다.

어린 시절을 떠올려 보면 하루, 한 달, 한 해가 길게 느껴졌었다. 어린 시절에는 모든 것이 새로웠기 때문에 궁금한 것들도 많고 이를 하나씩 해결해 나가면서 일상과 다른 특별한 경험을 하곤 했다. 이런 하루하루의 특별한 경험들이 누적되며 기억으로 남길 수 있는 새롭고 귀중한 경험이 가득했기에 돌이켜 보면 길었던 하루, 길었던 한 해로 기억하게 되는 것이 아닐까?

지금 떠올려 보면 나의 생도생활 4년은 정말 길었다. 매일 반복되는 일과로 정신없이 하루를 보내며 시간은 빠르게 지나갔지만 새로운 경험으로 가득했던 나날들이었기에 돌이켜 생각해보면 정말 길게 느껴졌던 것 같다. 특히 독을 품고 있는 붉은 해파리를 피해 섬을 한 바퀴 돌아야 했던 전투수영 훈련이나 비가 내리는 열악한 환경을 견디며 훈련했던 100킬로미터 행군, 암벽 레펠 및 공수훈련과 각개전투 훈련을 받으며 직접 밥을 지어먹었던 해병대 훈련, 3일간 잠도 자지 못하고 훈련하면서 밥을 먹을 때도 고무보트를 머리에 이고 먹어야 했던 UDT 훈련, 국내 주요 항구들과 군부대 그리고 여수 엑스포 행사를 다녀왔던 연안항해 실습과 같은 기억들은 지금도 생생하게 느껴지는 소중한 추억들이다.

그중에서도 4학년 시절 137일 동안 바다를 누비며 15개국을 돌았던 순항훈련은 내 인생에 큰 영향을 미쳤던 최고의 경험이다. 그리고 생도시절 경험했던 다양한 추억은 지금도 함께 시공간을 공유했던 동기들과 만나 대화를 나누다 보면 언제나 끝없이 계속 이어지는 이야기보따리가 되었다.

우리들은 모두가 하루 24시간이라는 동일한 시간을 살아간다. 하지만 그동일한 시간을 보내는 방법은 사람마다 다르다. 그래서 나는 다른 사람들보다 더 다양하고 풍족한 경험으로 내게 주어진 24시간을 채우고 싶다. 그것은 곧 하루, 한 달, 한해가 길게 느껴지는 삶을 의미하며, 결과적으로 같은 시간을 살아도 더 오래 사는 삶이 될 것이다.

나는 더 긴 시간을 살아보고자 새로운 경험에 집중하기로 했다. 그리고 내 경험들이 좋은 기억으로 남을 수 있도록 문제를 해결하기 위해 노력하는 삶을 살아보기로 했다. 간단하게 표현하면 도전하고 시도하는 삶이다. 일상 속 새로운 것들에 집중하며, 지속적으로 새로운 환경 속에 적응하고 나날이 성장하는 삶이다.

사관학교에 지원하게 된 동기

나는 고등학교시절 학생으로서의 의무라는 생각으로 열심히 공부를 했을 뿐 그렇다고 해서 뚜렷한 목표를 가지고 있는 학생은 아니었다. 막연하게 수능성적에 맞춰 학교를 선택하고 지원할 생각을 가지고 있었을 뿐 희망하는 전공도 없었고, 단지 그냥 좀 더 좋은 학교에 들어가면 좋을 것 같다고 생각하고 있었던 학생이었다.

요즘에도 많은 학생들이 나와 마찬가지로 자신이 무엇을 좋아하고 잘하는지 알지 못한 채 학교 성적을 잘 받아서 남들이 알아 주는 대학에 가는 것에 초점이 맞춰져 있을 것 같다. 어쨌든 학습 자체에 대한 즐거움보다 그냥 다른 학생과의 경쟁에 초점을 맞추고 있다 보면 공부에 흥미가 떨어지는 건 당연한 현상일 것이다. 나 또한 그랬다. 학습 자체에 대한 재미가 아니라 내가 해야 하는 숙제의 하나로 공부를 받아들이고 있었기 때문이다.

고교시절은 자신의 진로를 고민하는 가장 중요한 시기지만 공부를 해야 한다는 압박과 경쟁 속에 휘둘리다 보니 자신이 어떤 사람이고, 무엇을 좋아하며, 어떻게 살아가야 할지에 대해서는 생각해보지 않는 경우가 많다. 결국은 부모님이나 사회가 요구하는 모습에 따라서 수동적으로 진로를 선택하는 경우가 대부분이다.

어느 날 아버지가 컴퓨터 게임을 하고 있는 내게 다가와서 해군사관학교에 지원할 생각은 없는지 넌지시 물으셨다. 아버지의 물음에 나는 즉각 가고 싶지 않다고 대답했다. 사관학교가 무슨 학교인지도 잘 몰랐고, 미래에 어떤 일을 하게 될지 생각해보지는 않았지만 그럼에도 군인이 되고 싶다는 생각은 한 번도 해본 적이 없었기 때문이다.

하지만 오히려 사관학교에 대해서 아무것도 모르고 있던 상황이 내게 호기심을 불러일으켰던 것 같다. 어느 날 갑자기 해군사관학교에 대해서 알아보고 싶다는 생각이 들었고, 인터넷을 통해 사관학교에 대한 정보를 확인해보면서 사관학교의 매력에 관심이 생기게 된 것이다. 주어지는 혜택과 장점이 많았기 때문이다.

해군사관학교의 혜택과 장점에 대해 말해보자면, 먼저 학비가 면제된다는 점이 있다. 한 학기에 몇 백만 원을 넘기는 경우가 많은 일반대학과 비교하자면 4년간 최소 몇 천만 원을 아낄 수 있는 셈이다. 등록금을 충당하기 위해 아르바이트를 하면서 학업에 충실하기는 피곤할 것 같았고, 성인이 되면 부모님께 지원받을 생각도 없었던 터라 학비가 들지 않는다는 점은 나에게 매우 큰 장점으로 다가왔다. 다음으로는 진로가 정해져 있고 안정된 직장생활을 할 수 있다는 점이 큰 장점이었다.

사관학교 생도는 졸업하면 장교로 임관해 장기간 군에서 복무를 하게 된다. 일반 공무원과 업무성격이나 생활환경은 많이 다르지만 군인 또한 요즘

들어 인기가 매우 높아진 공무원의 한 종류이며, 취업에 대해 고민하지 않고 주어지는 업무에 충실하게 근무한다면 충분히 안정된 직장생활을 할 수 있고, 연금을 받을 수 있다는 점도 매우 큰 장점이다. 물론 명예로운 직업을 가지고 높은 위치에 올라가 나의 역량을 펼쳐 보고 싶다는 생각도 했다.

규칙적이고 건전한 생활태도를 유지하고 싶었던 것도 해군 사관학교에 진학하게 된 하나의 이유가 되었는데, 사관학교에 가면 규칙적이고 절제된 생활을 할 수 있을 것이라고 생각했다. 선후배, 동기들과 함께 돈독한 관계를 유지해가며 생활하면서 공부할 수 있는 환경은 내게 매력적으로 다가왔다. 물론 실제로 어느 정도 맞는 부분도 있었지만 내 기대나 예상과 다른 부분도 꽤 많았던 것 같다.

학교에 다니는 동안 의식주가 해결되고, 큰돈은 아니지만 품위유지비를 지급해 준다는 것도 좋았는데, 외출 외박이나 휴가를 나가게 되면 쓸 생활비나 용돈으로는 충분한 금액이었다.

이런 여러 가지 이유들로 인해 해군사관학교는 단순한 관심과 호기심의 대상에서 내가 진학하고 싶은 목표가 되었다. 나는 해군사관학교에 들어가기로 결심했다. 내가 모르고 있었던 것일 수도 있지만, 대부분의 내 고등학교 친구들이나 학원 친구들은 사관학교에 대한 인식이 많지 않았다.

지금은 학생들 사이에서 점차 사관학교에 대한 인식이 넓어지고 높아지고 있는 것 같지만, 그 당시의 나처럼 아직도 사관학교가 가지고 있는 매력에 대해 잘 모르고 서울에 있는 대학교 진학만 생각하는 학생들도 있을 것 같아 사관학교에 대한 인식의 확산된다면 더욱 좋을 것 같다.

실제로 입학한 동기들을 보면 경상도, 전라도 출신 동기들이 많았다. 해군사관학교의 위치가 경상남도 창원이라는 지리적 특성으로 인해 지방 학생들이 더 많이 지원하는 것이 당연하다는 생각이 들기는 하지만 보다 많은 학생들이 해군에 관심을 가져 직업군인이라는 직업을 또 하나의 진로로서 고려한다면 좋을 것 같다.

4개 사관학교 최근 3개년 원서접수 경쟁률 (2019학년도 평균 경쟁률 높은 순)

구분	2019	2018	2017
국군간호사관학교	47.7:1 남 62.1:1, 여 46.0:1	50.0:1 남 62.1:1, 여 48.8:1	51.7:1 남 57.4:1, 여 51.1:1
공군사관학교	41.3:1 남 34.8:1, 여 101.7:1	47.7:1 남 33.1:1, 여 90.4:1	47.7:1 남 34.2:1, 여 83.6:1
육군사관학교	34.2:1 남 28.1:1, 여 78.1:1 남 문과 22.8:1, 이과 33.4:1 여 문과 73.5:1, 이과 84.9:1	32.8:1 남 27.1:1, 여 85.3:1 남 문과 20.3:1, 이과 33.9:1 여 문과 79.7:1, 이과 93.8:1	31.2:1 남 26.7:1, 여 72.5:1 남 문과 23.7:1, 이과 29.8:1 여 문과 71.9:1, 이과 73.4:1
해군사관학교	38.5:1 남 33.5:1, 여 75.9:1	39:1 남 33.6:1, 여 87.7:1	29.4:1 남 25.4:1, 여 65.5:1

최근 3년 동안의 원서접수 경쟁률, 훌륭한 후배들이 많이 들어오고 있다.

지금은 점차 사관학교 입학 경쟁률도 높아지고 있는 추세인 것 같다. 그만큼 사관학교에 대한 매력을 느끼게 된 학생들이 많아지고 있다는 사실이 반영된 결과라고 생각한다. 선배 입장에서, 훌륭한 인재들이 들어온다는 사실은 해군의 발전 가능성이 더욱 커진다는 것을 의미하기에 매우 기분좋은 소식이다.

나 개인적으로는 사관학교에서 더 많은 생도들을 뽑고 훌륭한 인재를 양성해 군에서만 활용하는 것이 아니라 사회로도 많이 배출했으면 좋겠나는 생각도 가지고 있다. 앞으로 더욱 발전할 대한민국 해군을 안과 밖에서 지원할 수 있다면 내가 사랑하는 해군이 더욱 발전할 수 있을 것이기 때문이다.

사관학교 생도는 이렇게 선발된다

나는 해군사관학교에 지원하기로 결심했다. 사관학교 중에서도 해군사관학교를 지원했던 이유 중 하나는 우리나라는 대외적인 상황으로 인해 아직 연안 해군에 머물러 있는 것이 현실이지만 우리도 점차 강대국이 되고 발전하면서 대양 해군으로 발전될 가능성을 느꼈기 때문이다.

강대국들은 공통적으로 수준 높은 국방력을 유지하고 있으며, 그 중에서도 해군력이 특히, 강한 편이다. 이는 지리적, 물리적 거리를 극복하고 기동력과 화력을 발휘할 수 있는 군은 육·해·공군 중에 해군이 유일하기 때문이다.

나는 대한민국 국군 중에서도 점차 해군의 힘과 영향력이 더 커지게 되기를 기대한다. 실제로 해군장교로 근무하며 이지스함과 구축함, 3,000톤급 잠수함 등의 함정이 운용되고 개발되는 모습을 지켜보면서 우리나라 해군이 더욱 성장하고 발전하는 모습을 현장에서 느낄 수 있었다.

사실 해군사관학교에 관심을 가지고 있었던 것은 맞지만, 실제로 지원을 한 것은 지원 전날 꾸었던 꿈 때문인 것 같기도 하다. 내가 해군사관학교로 가는 비행기를 타는 꿈이었다. 꿈속에서 나는 해군사관학교로 가는 비행기에 마지막으로 탑승한 사람이었다. 마음을 졸이며 출발 시간에 늦지 않으려고 허겁지겁 달려간 나는 타자마자 문이 닫히는 것을 보고 가슴을 쓸어내렸다.

그날 해군사관학교 홈페이지를 들어가 보니 접수가 바로 다음 날까지였다. 나는 그날 바로 접수를 하고 입시준비를 시작했다. 은근히 들어가고 싶은 마음이 무의식에 투영되어 꿈으로 나타난 것일지도 모른다.

사관학교 입학시험은 1차, 2차, 3차시험으로 구분된다. 선발과정은 지속해서 바뀌는 것 같지만, 아마도 비슷할 것 같다. 1차시험은 사관학교에서 준비한 자체 시험문제를 통해 학생들을 평가하고 일정 인원을 뽑는다. 수능과 비교해서 난이도가 높은 편이고, 실제 수능시험과 비슷한 분위기에서 진행되다 보니 사관학교에 대해 큰 관심이 없더라도 수능을 대비해 미리 시험 분위기를 체험해 보려고 지원하는 학생들도 있었다.

수능문제와 유형은 차이가 조금 있었지만 큰 틀에서 보면 수능과는 범위가 다르지 않았기 때문에 준비하는 데 큰 어려움은 없었다. 기출문제 몇 회분을 풀어보면서 1차시험을 준비했는데, 1차 시험을 보러 시험장에 갔을 때, 자녀들과 함께 시험장에 와 텐트를 쳐가며 시험을 치고 나오는 자식들을 기다리면 부모님들의 모습이 떠오른다. 나는 혼자 시험을 보러갔기 때문인지 자녀들을 따라온 부모님들이 극성이라는 생각을 했지만, 한편으로는 그들의 조바심과 간절함이 느껴지기도 했다. 어쨌든 나는 1차시험에 합격했다.

2차시험은 신체검사 및 체력검정 그리고 인적성 검사를 통해 군인으로서 가져야 하는 체력과 인성을 심사한다. 그 자리에서 바로 합격, 불합격 여부를 결정하는데, 2차시험은 탈락시키기 위한 시험이라기보다는 군인으로서 자격을 갖추었는지 확인하는 시험이었다. 군인으로서 올바른 정신과 최소한의 체력은 군인을 꿈꾸는 학생들에게 필수적으로 요구되는 소양이기 때문이다.
2차시험은 해군사관학교에서 직접 실시했으므로 나는 해군사관학교가 있는 진해로 가야 했는데, 그때까지 서울을 벗어났던 적이 거의 없었던 내게 진해까지 가는 여정은 내가 혼자서 떠난 가장 긴 여행이었다.

면접자들은 사관학교에 머물며 면접시험과 토론, 인·적성 검사, 신체검사와 체력검정을 봤다. 합격에 가장 크게 영향을 미치는 요소는 신체검사와 체력검정이었으며 다른 검사와 시험들은 특별히 신체적, 정신적인 문제가 보이지 않으면 무난하게 넘어갔다.

사관학교 선발시험

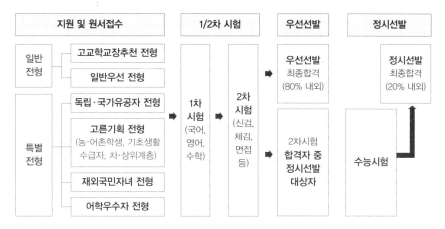

2020년도 해군사관학교 선발 계획, 특별전형 및 우선선발 제도가 생겼다.

나는 체력검정을 아버지와 함께 준비했다. 그때까지 체력을 키우기 위해 운동이란 걸 해본 적이 한 번도 없었던 나는 우선 동네에서 운동장을 돌며 뛰는 것부터 시작했다. 아버지는 때때로 나와 함께 달리며 도와 주시곤 했다. 나와 함께 달려 주셨던 아버지의 마음을 짐작하기는 어렵지만 아마도 아들의 도전을 돕고 싶었던 마음이 아니었을까? 아버지와 나는 함께 운동을 마치고 나면 음료수를 사 먹거나 밥을 먹으면서 합격을 위한 결의를 다지곤 했는데, 아버지의 도움과 응원 덕분에 큰 문제없이 2차시험도 통과할 수 있었다.

3차시험은 말 그대로 수능시험이었다. 수능시험 점수에 따라 성적순으로 합격 여부가 결정된다. 그래서 2차시험 후에는 평소처럼 수능을 준비하기 위해 학업에 집중했다. 나는 대학교 정시모집에 지원하지 않았는데, 사관학교에 합격할 수 있을 것이라는 막연한 자신감도 있었지만 그보다는 원하는 대학이나 전공에 대한 뚜렷한 목표가 없었고 그보다 해군사관학교 입학에 대한 목표가 더욱 뚜렷해졌기 때문이었다.

내가 입학한 해군사관학교 68기의 경우 총 160명을 선발했으며, 다행스럽게도 나는 합격통지서를 받을 수 있었다.

처음 합격통지서를 확인했을 때의 기쁨을 지금도 기억한다. 그리고 그로부터 펼쳐진 해군에서 겪었던 다양한 경험은 삶을 살아가는 자양분이 되어 현재의 나를 만들었다.

해군사관학교 생도와 장교로 생활하면서 나는 계속해서 새로운 경험과 다양한 사건을 접할 수 있었고 그 안에서 기쁨과 슬픔, 즐거움과 분노를 경험하면서 나는 조금씩 성장해갔다. 그것은 내게 커다란 행운이자 행복이었다.

가입교 기간에 일어나는 일들

나는 고등학교 졸업식에 참석하지 못했다. 고등학교 졸업식은 2월이었지만 해군사관학교의 가입교 훈련이 1월부터 시작되었기 때문이다. 고등학교 졸업식에 참가하지 못했던 것은 아쉽지만 대신 나는 사관학교 가입교 훈련을 통해 살면서 한 번도 경험해보지 못한 사건들과 감정을 체험하게 되었다.

가입교 훈련은 의무 복무로 군대에 가는 장병들이 정식으로 직책을 부여받기 전에 먼저 입소하는 훈련소와 비슷한 개념이다. 체력적, 정신적으로 힘든 상황을 강제로 조성함으로써 아직 고등학생 티를 벗지 못한 학생들을 군인의 모습으로 탈바꿈하기 위해 육체적 정신적인 한계상황에서 버틸 수 있는 능력을 기르는 데 목적이 있는 훈련이다.

가입교 훈련이 중요한 이유는 합격을 했더라도 이 훈련을 버티지 못해 수료하지 못하게 되면 사관학교 생도로 입교할 수 없기 때문이다. 아쉽지만 내 룸메이트를 포함한 몇몇 다른 동기들도 여러 환경적 요인과 개인적인 사정으로 인해 가입교 훈련 중 퇴교하는 일이 실제로 있었다. 어린 나이에 훈련을 받으면서 처음 느끼게 되는 고되고 힘든 환경과 서러운 경험과 감정들은 학교를 뛰쳐나갈 결심을 하도록 만드는 데 충분한 충격이었던 것 같다. 나도 처음 느껴보는 정신적으로나 육체적으로 매우 힘겨웠던 기억이 있다.

실제 훈련을 받는 도중에는 서럽고 힘들다고 생각할 할 여력도 없었지만, 상대적으로 여유가 있는 교육을 받을 때면 여러 감정들이 한꺼번에 휘몰아쳐 나의 마음을 자극했으며, 이따금씩 눈물이 찔끔 나는 상황이 연출되기도 했었다.

가입교 기간은 총 5주로 구성된다. 첫째 주는 복종 주, 둘째 주는 인내 주, 셋째 주는 극기 주, 넷째 주는 필승 주, 다섯째 주는 명예 주로 구성되는데, 각 주마다 이제 막 고등학교를 졸업한 학생들이 생도생활에 적응하고 군인으로서의 자격을 갖추기 위하여 새로운 생활패턴과 습관을 형성시켜 군에 대한 기본적 상식을 배양할 수 있도록 단계별 교육과 훈련이 계획되어 있다.

가입교식을 마치고 난 뒤 가입교생들은 2개 중대, 8개 소대로 구분되어 각 소대에 소속된다. 가입교 훈련에 대한 총괄 책임을 지는 대대장(중령)과 그 아래 훈육장교들이 관리하는 소대가 있고 각 소대를 담당하는 소대장 생도들이 배정된다. 이들은 해군사관학교 생도 중 곧 4학년으로 진급하는 우수한 생도들이 중대별로 한 명씩 그 역할을 수행하는데, 생도들 사이에서는 인정을 받는 직책으로서 나름 스펙이 되기 때문에 소대장 역할을 맡기 위해 우수한 생도들이 경쟁하는 경우도 꽤 있었다.

나는 신입생대대 1중대 1소대다

난 신입생 대대 1중대 1소대로 배정받았다. 처음 1소대장 생도가 자기소개를 하고 내 이름을 불렀을 때, 160명의 가입교생들 중 내 이름이 앞에서 불린 것에 대해서 괜히 기분이 좋았던 기억이 있다.

가입교식

　내가 속했던 1소대는 모든 집합과 훈련에서 선봉에 서는 소대였다. 실제로 다른 소대와 크게 다른 것은 없었지만 그 당시 조직에서 앞장서서 무언가를 한다는 것은 내게 멋진 의미로 다가왔었다.

　어떤 일을 할 때, 다른 사람들보다 앞장서서 무언가를 한다는 것은 가치가 있는 일이다. 세상은 소수의 주도적이고 앞서가는 사람들에 의해 변화한다. 앞장서기 때문에 문제에 먼저 부딪히고 시행착오도 더 많이 겪게 되지만 이를 하나씩 극복해가면서 만들어 낸 성취와 결과물은 다른 사람에게 방향을 제시하고 그들의 상황을 변화시킨다. 앞서간 경험은 선점효과를 가져다 주며 그것은 삶이든, 아이디어든, 사업이든 모든 곳에 통용된다. 남들보다 한 발자국 먼저 앞선 걸음은 그들에게 차별화를 가져다 주기 때문이다.

　대부분의 사람들은 앞장서서 행동하는 것에 부담을 갖는다. 경험에 의해 앞장서서 행동하는 것의 리스크를 알고 있기 때문이다. 지속적으로 마주치는 문제들과 잘 해결되지 않을 경우의 책임, 다른 사람들과의 인간관계 속에서 발생하는 문제들로 인해 개인이 손해를 보는 경우가 많다는 것을 경험하게 된다. 실제로 무조건 앞장서서 나서는 것보다는 상황에 따라 현명하게 대처하는 것이 중요하다. 하지만 그럼에도 불구하고 우리는 총대를 메고 나서는 사람이 더 많은 것을 경험하고 배울 수 있으며, 그런 사람에 의해 세상이 변화해 왔다는 것을 알아야 한다.

나는 앞장서서 행동하는 사람이 되고 싶었다. 선봉 1소대로 배정된 사실에 의미를 부여하며, 감사해 하는 마음과 함께 나의 가입교 훈련은 시작되었다.

복종 주가 시작되다

복종 주가 시작되었다. 복종 주는 먼저 학교에 대한 적응으로 시작한다. 가입교 생도들은 각자 소대에 배정된 뒤에 이름순으로 4명씩 룸메이트가 정해졌으며, 숙소를 배정받은 생도들은 군복과 군용물품, 체육복, 속옷, 모자, 장갑, 로션과 비누, 수건과 운동화 등을 보급 받는다. 보급 물품을 수령한 후에는 집에서 가져온 물건들을 하나도 빠짐없이 반납해야 한다.

그 다음에는 머리를 자르는데, 많은 동기들이 입교하게 되면 머리를 자르게 될 것이라는 걸 예상하고 미리 이발을 하고 들어오는 경우가 많았다. 나는 어차피 학교에서 머리를 자를 수 있을 것 같아 그냥 갔는데, 합리적인 판단과 선택이었다. 사전에 이발을 했든 아니든 상관없이 모두 다시 이발을 해야만 했으며, 나는 머리를 자르지 않았기 때문에 이발비가 굳었다는 찰나의 행복을 느낄 수 있었기 때문이다.

가입교 생도들은 머리를 자르고 군인으로서의 외적 용모가 갖추어지게 되면 소대장과 함께 학교를 순환하며 각각의 건물과 체육시설, 바다와 동상, 상징 등에 대해 설명을 듣는다. 해군사관학교에 대한 여러 정보나 동기들과의 단체생활 등 모든 것들이 새롭고 흥미롭기는 했지만 너무 많은 내용이 들어왔기에 오히려 머릿속에 잘 담기지 않아서 현재 기억에 남는 내용은 없다. 아니면 이후에 벌어지게 될 고단한 가입교 생활을 버텨내는 과정 속에서 나 자신을 보호하기 위해 무의식적으로 기억을 삭제했기 때문일지도 모르겠다.

친절하고 따뜻했던 선배 소대장 생도들은 다음 날 저녁 비상훈련을 기준으로 180도 돌변한다. 갑작스럽게 고함을 지르면서 훈련과 얼차려를 시키며 모든 행동에 복종을 요구하는데, 드디어 수습기간을 거쳐 본격적인 복종 주가 시작되는 것이다.

이미 알고 있었던 가입교 생도들도 있었겠지만 나는 아무것도 모르고 있었다. 가입교 훈련이 본격적으로 시작되면서 변화한 환경은 내가 예상치 못한 상황들이었다. 나는 선후배와 동기들이 서로 다독여주며 격려와 응원 속에 훈련을 마칠 수 있을 것으로 예상했었기 때문이다.

하지만 이후에 시작된 끊임없는 고함소리와 호통, 얼차려, 복종에 대한 요구는 당황스러웠으며 한편으로는 우스웠다. 훈육장교들이나 소대장 생도들이 처음부터 무서운 사람으로 각인이 되었다면 모를까 친절하고 따뜻한 사람들이라고 생각했는데, 하루아침에 확 바뀌어버리니 그들이 어떤 의도를 가지고 목적이 무엇인지 분명하게 알 수 있었기 때문이다.

로마에서는 로마법을 따라야 한다. 나는 그들이 원하는 모습을 따라 주어야겠다고 생각했다. 인간의 적응능력은 우리의 예상보다 훨씬 뛰어나기에 새로운 환경에 금방 적응할 수 있었고, 어느 순간 최고 수준의 복종을 하고 있는 나를 발견하게 되었다. 이런 나의 태도는 소대장 선배들과 장난을 치면서 재미있는 상황을 종종 연출하기도 했지만, 군기를 유지해야 하는 그들의 심기를 건드려 육체적으로 더 힘든 상황에 놓이는 요인이 되기도 했다. 그럼에도 내가 힘든 가입교 훈련을 나름 즐겁게 보낼 수 있었던 이유 중 하나는 가입교 훈련을 일종의 역할극이라고 생각했기 때문이다.

사람에 대해 연구하다

이런 연출을 이해하기에 아직 어린 나이였던 일부 동기들 중에는 당혹스러움과 배신감을 느끼는 친구들도 있었다. 연출이었지만 그럼에도 주어진 현실의 고통스러움은 실제였으므로 이 모든 게 다 짜여진 연극일 뿐이라고 아무리 말을 해 줘도 와 닿지 않았던 것 같다. 동기들은 내 말을 듣고는 오히려 나를 상황파악을 제대로 못하는 사람으로 인식하기도 했고 나로서는 그런 상황에 대해 안타까운 마음이 들기도 했었다.

사람에 대한 연구를 시작하게 된 건 이 무렵이었다. 나는 주어진 환경 속에서 형성되는 심리와 그것이 행동에 영향을 미치는 이유에 대해서 고민했다. 내가 앞서 군 생활을 하면서 가장 많이 배웠다고 말하는 인간관계는 바로 집단생활을 하면서 느낀 나를 포함한 다양한 사람의 본성과 가치관, 태도와 행동의 유형을 보면서 정립할 수 있었던 개념이다. 나 또한 부족한 부분이 많았으므로 배우고 수정해야 할 것들이 많았지만 어쨌든 사관학교에서의 다양한 경험과 생각을 통해 인간관계와 삶이 조금 더 나아졌다고 생각한다.

이러한 고민들은 성장하는 과정의 일부분이다. 그리고 지금 당시의 상황에 대해서 다시 생각해보면 실제로 연극이 맞았다. 하지만 주변 사람들이 받아들이기 어려운 상황 속에서 짜여진 연극이라고 계속 어필하는 내 모습도 현명하지 못한 부분이 있었을 것이다.

내가 군 생활을 하면서 경험하고 정립한 다양한 내용 중 몇 가지를 이야기해보면 먼저 사람 사이에 형성되는 군중심리는 어마어마한 힘을 갖는다는 사실이다. 사람은 군중 속의 하나로 속하고 싶어 하며 그것이 안전하다고 믿는다. 그래서 여러 사람이 무언가를 하면 묻거나 따지지 않으며 대세에 편승

하는 경향이 있다. 우리나라에서 어떤 패션이 유행하면 너도나도 다 따라 하는 것도 이와 같은 개념이다.

특히 군대와 같이 많은 사람들이 좁은 공간 속에서 밀접하게 얽혀 생활하는 환경에서는 이런 효과가 더욱 커서 때로는 몇몇 주도하는 사람들과 분위기, 조직의 시스템으로 인해 전부가 잘못된 방향으로 가는 상황이 생기기도 한다.

다음으로는 힘든 환경과 상황을 지속적으로 만들어왔던 사람이 조금만 잘해 주고 인간적인 모습을 보여 주게 되면, 사람은 그동안의 악감정은 잊고 역지사지의 자세로 이해하며, 오히려 상대방에 대해 고마운 감정이 형성되며 호감으로 인상이 마무리된다는 사실이다.

우리는 대개 자신에게 스트레스를 주는 사람에게 더 신경을 쓰고 에너지를 소모한다. 하지만 사람으로부터의 스트레스가 없어지면 상대방으로 인해 소모하던 에너지는 그대로 남아, 상대방을 이해하는 쪽으로 방향을 바꾼다. 그리고 내 나아진 현실에 긍정적인 감정으로 초점을 맞추기 때문이다.

예를 들어 가입교 소대장들이나 훈육장교들은 원래 좋은 사람들이었지만 훈련기간 중에는 가면을 쓰고 계속 우리를 괴롭혔다. 훈련이 끝나고 난 뒤 원래의 모습으로 돌아간 선배들은 실제로 좋은 사람들이었지만 그냥 좋은 사람이라는 감정을 넘어 존경심과 경외심을 느끼는 멋진 존재가 되었다. 결국 계속 잘 해 주다가 한 번 못하는 것보다 계속 못하다가 한 번 잘 해 주는 게 더 좋은 사람으로 인식되는 경향이 있다는 말이다.

하지만 실제로 더 좋은 사람은 후자인 경우가 더 많을 것이다. 그들은 대부분의 상황에서 내 에너지를 소모시키기보다 오히려 주는 사람이기 때문에, 우리는 그들을 이해하기 위해 에너지를 사용할 줄 알아야 한다.

가입교가 시작되면 하루 일과는 완전히 뒤바뀐다. 가입교 생도들의 하루 일과는 추위가 기승을 부리는 날씨 속에서 기상과 동시에 운동장에 집합해 달리기를 하는 것으로 시작한다. 씻고 식사하는 시간을 제외한 다른 시간은 모두 교육과 훈련으로 가득 차 있었으며 달리기, 등산, 행군, 총검술, 사격, 수영, 군가, 안보, 체력단련 등 생도를 양성하기 위한 다양한 훈련과 교육이 지속적으로 이루어진다. 얼차려도 많이 받았는데, 강압적인 분위기 속에서 운동을 통해 체력이 늘어나는 것은 당연한 수순이었다. 가입교 생도들은 고교시절과는 완전히 달라진 생활 패턴에 조금씩 적응해 갔으며, 그렇게 시간은 조금씩 흘러갔고 가입교 생도생활도 익숙해지고 있었다.

병기를 지급받다

가입교 생도들은 훈련을 위해 개인 병기를 지급받는다. 해군은 주로 전투체계와 첨단 과학기술의 무장체계를 접목한 기술군이지만 해군 내에는 해병대가 포함되며, 기본적으로 군인이라면 당연히 개인 병기를 다룰 수 있는 능력을 갖추어야 하기 때문이다.

병기를 받고 난 이후의 거의 모든 훈련은 병기와 함께 이루어졌다. 총검술 훈련이나 사격 훈련 외에도 달리기를 하거나 행군, 교육을 받을 때에도 항상 병기를 휴대해야 했으며, 이는 생도생활 속에서도 거의 모든 훈련에 적용되었다. 그만큼 병기가 군인에게 중요하다는 것을 알려 주기 위한 교육이었나. 학생에겐 교과서와 학용품이 있어야 하듯이 병기는 군인에게 애인이자 목숨으로 취급받는 준비물이다.

병기 관리법을 배우는 생도들

가장 기다려지는 시간

가입교 훈련기간 중 식사는 모든 생도들이 기다리는 시간이다. 하지만 맛있는 밥을 먹기 위해서는 그만큼의 체력단련이 필요했다. 밥을 먹기 전에는 반드시 체력단련과 얼차려를 받는 과정이 동반되었고, 식사를 받고 나서도 바로 먹는 것이 아니라 모든 동기들이 다 받을 때까지 훈련이 지속되었다. 심지어 식사 후에 집합해서 또다시 체력단련을 하게 되는 경우도 있었다. 이런 생활 속에서 거의 모든 가입교 생도들은 자연스레 살이 빠지는 걸 경험하는데, 각종 훈련과 체력단련, 얼차려 등으로 워낙 하루 활동량이 많았기 때문에 대부분의 동기들이 5~20킬로그램 정도 몸무게가 빠졌다. 나 역시 식사를 엄청나게 많이 하는 편이었음에도 가입교 훈련을 마친 후 몸무게를 확인해보니 2킬로그램 정도가 빠져 있었는데, 이후 생도생활을 하면서는 점차 근육량이 늘어나면서 몸무게가 조금씩 늘게 되었다.

가입교 생도들은 식사를 할 때는 직각 식사를 했다. 우리들은 포크 숟가락을 이용하여 밥을 먹었는데, 음식을 뜨거나 찍어서 입까지 수직으로 운반하는 것을 요구받았다. 음식물을 많이 흘릴 수밖에 없다 보니 항상 냅킨을 목에 두르고 밥을 먹었는데, 직각식사를 하고 나면 냅킨이 더러워지기 때문에 식사 뒤에는 항상 빨아서 히터 위에 올려놔 말리곤 했다.

직각 식사를 통해 음식을 천천히 먹어야 건강에 좋다는 것을 배웠다. 밥을 그리고 오래 씹으면 포도당으로 분해되어 달다는 것을 알게 되었다.

힐링이 필요해

인내 주와 극기 주가 되면서 훈련과 얼차려의 강도는 점차 심해진다. 가입교생으로 들어왔던 동기들이 퇴교를 결심하는 경우도 이 시기에 가장 많으며, 남몰래 흘리는 눈물이 '찔끔'에서 '주룩'으로 바뀌게 되는 시점이기도 하다. 우리는 힐링이 필요했다. 가입교 기간 중에는 일요일마다 종교 활동을 실시했다. 가입교 기간 중 생도들은 종교에 상관없이 기독교와 천주교, 불교를 소대별로 나누어 참가하여 다양한 종교를 경험할 수 있었다.

나는 기독교라서 교회밖에 가본 적이 없었는데, 다른 종교시설과 의식을 체험해 볼 수 있어 좋았다. 종교 활동을 하면서 종교 특유의 분위기가 주는 편안함과 은혜로움에 마음을 의지하고 위안을 얻을 수 있었는데, 그 자체가 종교가 가진 큰 힘이자 매력이라는 생각을 하게 되었다.

고달픈 생활 속에서 종교 활동은 모든 생도들에게 큰 힐링이 되었다. 억압된 환경 속 종교인들의 배려와 온화함은 항상 긴장 상태에 있던 우리 생도들에게 피난처이자 안식처의 역할을 했으며, 특히 종교 활동에서 받아먹었던 초코파이와 콜라는 세상에서 가장 맛있는 간식이었다.

마음이 담긴 편지가 주는 위안

가입교 생도들의 훈련과정은 학교에서 사진과 동영상으로 찍어 해군사관학교 홈페이지에 게시한다. 이는 자식 걱정을 할 수밖에 없는 부모님들에게 자녀들이 부대 안에서 안전하게 잘 훈련을 받고 있다는 것을 보여 주고 부모님들이 올리는 편지와 글들을 생도들에게 전달해 주는 소통창구 역할을 했다.

학교 측에서는 생도들이 하루를 어떻게 보냈는지 글을 정리해서 올려 주고 부모님들은 사진과 동영상을 통해 자식의 모습을 찾고 기뻐하며 게시판에 글을 남기거나 자녀들에게 편지를 써 올리곤 했는데, 이런 글들은 종이로 프린트되어 훈련을 받고 있는 생도들에게 전달되었다.

나는 그동안 살아오면서 편지를 통해 생각과 감정을 주고받은 경험이 그다지 많지 않았다. 하지만 훈련을 받으면서는 소통할 수 있는 수단이 편지밖에 없었으므로 가족, 친구들과 편지를 많이 주고받았던 것 같다. 그리고 편지를 가득 채우고 있는 글자 하나하나를 보며 그들의 관심과 정성, 사랑에 감사함을 느꼈다.

얼마 전 내 물건들을 정리하면서 군 생활을 하는 동안 받았던 편지들을 다시 읽어볼 기회가 있었다. 그중에서도 부모님이 내게 보내 주신 편지가 가장 인상적이었다. 그분들은 지금 내가 품고 있는 꿈과 그 꿈을 이루고자 노력하고 있는 나를 응원해 주시는 것처럼 그때도 항상 나를 믿어 주고 응원해 주시고 계셨다.

나는 부모님의 끝이 없는 사랑과 응원에 감사함과 은혜를 느낀다. 항상 내 곁에서 한결같이 격려해 주고 힘이 되어 주는 사람이 있다는 사실은 내가 무엇이든 해낼 수 있다고 믿는 자신감이자 삶의 활력으로 승화된다. 특히 어머니가 남긴 글들을 볼 때면, 컴퓨터에 익숙하지 않으심에도 훈련을 받는 아들을 보기 위해 매일같이 사이트에 접속해서 사진을 찾아보고 글을 남기시는 모습이 머릿속에 선명하게 그려진다. 컴퓨터를 이용하는 게 분명히 복잡하고 어려웠을 것이지만 그런 어머니의 마음은 결국 나에게 전달되었다. 나는 단순한 격려와 응원 이상으로 그녀의 사랑과 정성, 시간과 노력까지 함께 받고 있었던 셈이다.

나는 내가 받은 사랑을 부모님께 더 큰 사랑으로 돌려드리고 싶다. 그분들이 버팀목이 되어 내가 지금까지 성장했듯이 이제는 내가 그분들의 버팀목이 되어 항상 응원하고 힘이 되어 주는 사람이 되고 싶다. 그리고 나중에 내게 가족이 생긴다면 아내와 자녀에게 부모님께 받은 사랑을 그대로 이어줄 것이다. 항상 최선을 다하고 알차게 사는 삶을 위해 노력하고 부모님께 받은 선한 영향력과 사랑을 부모님과 다른 사람에게 전달해 줄 수 있는 사랑이 넘치는 사람이 되고 싶다고 다짐하게 된다.

드디어 해군사관학교 생도가 되다

비상소집 훈련

가입교 생도의 하루 일과는 교육과 훈련으로 가득 차 있었다. 나는 다양한 종류의 훈련과 교육을 받으면서 조금씩 적응해갔다. 가입교 훈련 중 가장 적응하기 힘든 훈련을 꼽으라고 한다면 야간 비상소집훈련이었다. 비상소집훈련은 정해진 훈련 외에 야간이나 새벽에 갑작스럽게 진행되는 훈련이라 예측할 수 없었기 때문이다.

비상훈련은 말 그대로 자다가 방송이 나오면 상황에 따라 옷을 갈아입고 정해진 위치에 집합한 뒤 실시하는 훈련이었다. 주로 전투복을 입은 뒤 병기를 들고 체력단련을 하거나 1월의 추위 속에서 수영복을 입고 물을 뿌려 추위를 버티는 내한훈련이다. 하룻밤 사이에 3번을 깨워 훈련을 했던 적도 있었던 만큼 저녁 시간이 되면 오늘은 과연 언제 어떤 비상훈련을 하게 될지 예측하는 게 생도들의 주요 화제였으며 이야깃거리였다. 재미있었던 점은 정신없이 일어나 부랴부랴 준비해서 집합을 하다 보면 전투모를 써야 함에도 체육모를 쓰고 있다거나 수영복을 입어야 함에도 팬티를 입고 나타나는 동기들이 항상 있었다는 것이다. 훈련은 힘들었지만 이런 에피소드들로 인해 항상 속으로는 웃음과 함께 했다.

스트레스의 순기능

비상훈련을 받으며 신기했던 점은 추운 겨울에 내한훈련을 받으면서도 감기에 걸리는 사람이 아무도 없었다는 사실이다. 특히 내가 배정받았던 방은 전선이 밖으로 연결되는 방이어서 창문이 닫히지 않아 차가운 바람을 피하기 위해 항상 이불을 머리끝까지 덮고 추위에 떨며 잠들었음에도 룸메이트 중 아무도 감기에 걸리는 사람이 없었다. 사람의 몸은 정신적, 신체적으로 긴장 상태에 있으면 몸의 면역력과 저항력이 강해진다. 스트레스의 순기능이다.

우리가 살아가는 데 있어 적당한 긴장감은 삶을 더욱 윤택하고 활기차게 만드는 요소가 되기에 필요한 존재다. 적당한 자극과 스트레스는 사람을 더욱 능률적으로 만들며, 반대로 편안함은 사람을 늘어지고 나태하게 만든다. 이런 측면에서 본다면 생도생활과 장교생활을 하는 동안에는 주어진 업무와 상황에서 항상 긴장의 끈을 놓을 수 없었고, 그에 따라 항상 활기 넘치는 생활을 유지할 수 있었다는 생각이 든다. 나는 학창시절 감기를 달고 사는 학생이었는데도 사관학교에 입학한 뒤로는 늘 긴장 상태에 있었기 때문인지 혹은 꾸준하게 운동을 했기 때문인지, 사관학교가 위치한 진해의 공기가 좋았기 때문인지 감기에 걸린 적이 거의 없다. 이 부분은 확실히 내 몸에서 일어난 긍정적인 변화라고 할 수 있다.

가입교 최종 관문 : 천자봉 행군과 옥포만 의식

시간은 계속해서 흘러 복종 주에서 시작한 훈련은 어느새 인내 주, 극기 주를 거쳐 필승 주를 맞이하고 있었다. 필승 주는 그동안 해온 훈련들의 최종 관문이라고 할 수 있는 천자봉 행군과 옥포만 의식을 실시한다. 이는 가입교 훈련의 가장 상징적인 훈련으로 천자봉 행군은 그동안 단련해온 생도들의 체력적인 부분을 시험하는 훈련이며, 옥포만 의식은 충무공 이순신 장군의 첫 해전을 기리는 옥포만에서 생도들의 정신적인 부분을 시험하는 훈련이라 할 수 있다.

필승 주에 마지막 훈련들을 마치고 난 뒤 이어지는 명예 주에는 해군과 관련된 교육 및 유적지를 답사하며 견문을 넓히고 정식 생도로 인정받기 위한 입교식을 준비하는 데 초점이 맞춰져 있었기 때문에 필승 주에 이루어지는 훈련들이 실질적으로 거의 마지막 훈련인 셈이었다.

천자봉 행군은 아침 일찍 출발해 오후 늦게 학교로 복귀할 정도로 오랜 시간을 소요하는 훈련이다. 하지만 엄청나게 먼 거리는 아니었고 그동안 꾸준히 산을 타고 뛰면서 길러진 체력으로 어렵지 않게 다녀올 수 있었다.

천자봉 훈련과 관련해서 인상적이었던 것은 안개로 가득 차 마치 구름 위에 떠 있는 섬처럼 보였던 천자봉 정상에서 바라본 풍경과 동기들과 함께 정상에서 먹었던 초콜릿이었다. 바다를 내려다보는 경치 때문이었는지, 보람 때문이었는지 어느 때 먹었던 초콜릿 바보다 달콤하게 느껴졌었다.

천자봉 행군을 마치고 돌아오는 가입교 생도들을 맞이하는 선배들

그렇게 훈련을 마치고 다시 학교로 돌아오게 되면 앞서 입교한 1~4학년 선배들이 학교 입구에서 줄을 서서 가입교의 마지막 훈련을 성공적으로 이겨낸 후배들에게 격려와 축하를 보낸다. 나는 앞으로 오랜 기간 함께 할 선배들을 처음으로 마주하며, 학교에 처음 들어올 당시 마음속으로 가졌던 선배들과 서로 격려하고 다독여주는 생활을 다시 한 번 떠올릴 수 있었다.

실제로 해군장교 생활을 하면서 보면 1~3년 선후배는 가장 가까운 곳에서 업무 협조를 하는 관계로, 마치 친구처럼 자연스럽게 친밀한 관계를 유지하게 된다. 앞으로 소중한 인연을 유지할 선배들과의 첫 만남으로 나는 설렘과 기대로 가슴이 벅차올랐다. 결국 천자봉 훈련은 힘들었던 것보다 설렘과 행복이 가득했던 훈련으로 마무리되었다.

옥포만 의식

옥포만 의식은 앞서 말한 것과 같이 충무공 이순신 장군의 첫 해전이 이루어진 옥포만 바다에 들어가 앞으로 생도로 입교하여 장교로서 명예로운 삶을 살아갈 것을 다짐하는 의식이다.

우리는 추운 겨울 바닷물에 몸을 담그고 훈련을 받으며 옥포훈을 외쳤다.

옥포훈의 내용은 다음과 같다.
· 귀관은 사관생도로서 최고도의 품위를 유지하고 있는가
· 장차 포연탄우 생사 간에 부하를 지휘할 수 있는가
· 정의를 행함으로써 오는 고난을 감수할 수 있는가
· 충무공 이순신의 후예임을 자부할 수 있는가

이 교훈들은 명예롭고 멋진 장교 생활을 하기 위한 가장 기본적인 가치이면서도 실천하기 어려운 질문들이다. 이를 위해서는 복합적인 가치의 정립

과 함께 이를 실천으로 옮길 수 있는 의지와 노력이 필요하다. 리더십과 카리스마, 사생관과 국가관, 인성과 성품, 정의와 명예, 희생 등 위 질문에 대한 나의 답을 만들어내기까지 상당한 시간이 걸렸다.

필승 주가 마무리되면 소대장들과 훈육장교들은 다시 원래의 친절한 선배의 모습으로 되돌아온다. 이제는 훈련관과 훈련생의 관계가 아닌 선배와 후배의 관계로 돌아가는 것인데, 그렇게 명예 주가 되면 생도들은 처음으로 사관생도의 정복을 입는다. 가입교 생도로서 항상 입던 체육복과 전투복에서 벗어나 멋진 정복으로 쫙 빼입은 자신의 모습을 보며, 우리들은 해군 정복의 멋진 핏과 그동안의 훈련을 무사히 마쳤다는 보람에 행복을 느꼈다.

우리 동기들은 훈련을 제외한 시간동안 입교식 행사를 꾸준히 준비했으며, 대망의 입교식을 통해 드디어 정식 해군사관학교 생도로서 학교에 발을 디딜 수 있게 있게 되었다.

대망의 입교식

입교식은 기본적으로 생도대에서 이루어지는 행사와 맞물려 진행된다. 지난 1년 동안 최고의 성과를 낸 중대에 수여되는 명예중대 선발식도 이때 이루어지며, 이제 곧 1학년에서 2학년으로 올라가는 선배들의 경우 중대가 바뀌는 시기이기도 하다. 하지만 주인공은 역시나 입교하는 1학년 생도들이다. 행사의 초점은 이제 막 새로 학교에 들어온 열정과 패기가 넘치는 신입생들에게 맞추어져 있었고, 실제로 대부분의 생도들이 무엇이든 할 수 있다는 열정과 패기를 간직한 채 입교식에 임하고 있었다.

입교식은 자녀를 군에 보낸 가족들과 친인척들이 늠름하게 성장한 아들과 딸들을 오랜만에 다시 볼 수 있는 기회이기도 하다. 입교식을 마치고 난 뒤 행사장에 온 가족들은 짧은 기간임에도 늠름하게 성장한 아들, 딸을 만난다. 이제 입교한 신입생은 그동안 키워 준 부모님과 친인척들에게 군인의 되었다는 것을 의미하는 입교 선서를 하는데, 가입교 시간 동안 겪었던 고생과 이를 이겨낸 보람, 그동안 한 번도 떨어져 살지 않다가 오랜만에 뵙는 부모님의 모습을 보며 나는 울컥 눈물이 쏟아져 나왔다. 이제 나는 진짜 군인이 된 것이다.

일반적인 대학생들은 여전히 부모님의 품 안에 머무르지만, 나는 사관생도로서 부모님의 품에서 벗어나 지금까지 한 번도 한 번도 겪어보지 못한 미지의 세계로 들어서고 있었다. 이제 독립한 성인이 되어 새로운 세계로 나아가기 위한 새로운 출발선상에 서게 된 것이다.

나는 사관생도다

사관생도의 하루는 이렇게 이루어진다

기상

사관학교의 하루는 생도사에 울려 퍼지는 아침점호 15분 전 구령과 함께 시작된다. 15분 전 구령이 울리면 1학년 생도들은 따로 팔 굽혀 펴기로 체력단련을 하며, 중대 총원은 각 중대 건물에 위치한 중앙 라운지로 집합해 인원을 확인한다. 그 후에 연대, 대대에서 요일에 따라 다르게 주관하는 아침점호 장소로 다 같이 이동해 점호를 실시한다.

사관학교는 총 1개의 생도연대로 이루어지며, 연대 안에 2개의 생도 대대, 대대 안에 4개의 중대씩 총 8개 중대로 편성된다. 그리고 각 중대는 3개의 소대로 구성되며 소대 안에는 3~4개의 분대로 편성되어 운영된다.

가입교 훈련에서 1소대에 배정되었던 나는 그대로 1중대로 편성되어 생도생활을 시작하게 되었다.

해군사관학교의 생도 연대는 생도들의 자치제를 통해 이루어진다. 연대와 대대는 각 중대에서 뽑은 4학년 생도들로 구성되며, 중대장과 소대장, 분대장 또한 중대 내의 4학년 생도들로 구성되어 운영된다. 그리고 1~3학년은 각 중대 내에서 4학년들의 지휘를 받는 분대로 편성되었는데, 결국 모든 4학년들은 후배들과 동기의 지휘 책임을 맡게 되는 시스템이다.

분대는 생도연대의 가장 작은 부대 단위로서 4학년 생도가 분대장, 3학년 생도가 부분대장, 저학년은 분대원으로 편성된다. 분대장 생도는 분대원에 대한 관리와 책임을 지고 부분대장은 분대장을 보좌했으며, 2학년 생도는 1학년 생도를 교육하고 챙겨야 하는 의무를 지니고 있다.

아침점호

아침점호의 내용은 주로 달리기나 팔굽혀펴기와 같은 체력단련이었으며, 아침점호의 내용은 이를 주관하는 연대장과 대대장 또는 당직 사령과 당직 사관의 재량이었다. 주로 국군도수체조, 군가, 제식훈련, 구령연습, 청소 등으로 이루어졌다.

아침점호는 스트레칭과 운동을 통해 잠에서 확실하게 깨는 것과 동시에 군에서 가장 중요한 인원을 확인하는 것에 의의가 있다. 매일 아침 일찍 일어나는 것은 적응에 다소 시간이 걸렸지만 이런 생활이 반복되면서 자연스럽게 일찍 일어나는 습관이 자리를 잡게 되었다.

아침점호를 마치고 나면 생도들은 세면 및 행정시간을 가진다. 그리고 전날 또는 새벽에 미리 정비해 놓은 근무복으로 갈아입은 뒤 명량홀로 식사를 하러 간다. 명량홀이라 부르는 생도 식당은 생도사 건물의 6층에 있어 계단을 통해 이동했고, 4학년 생도들은 엘리베이터를 이용해 식사를 하러 가는 특권을 누리기도 했다.

사관학교 중에서도 특히, 해군사관학교는 밥이 정말 잘 나오는 것으로 유명했다. 쉽지 않았던 생도생활을 잘 이겨 낼 수 있었던 이유 중에는 든든하게 먹을 수 있었던 맛있는 밥도 중요한 역할을 했다고 생각한다.

식사

생도들은 보통 분대원끼리 모여 식사를 한다. 주말이나 하계훈련과 같이 동기들끼리만 있는 경우에는 동기들과 식사를 했지만 기본적으로는 분대 단위로 함께 모여 식사를 하곤 했다. 선후배 및 동기들과 함께 밥을 먹다 보면 자연스럽게 다양한 이야기가 나온다. 일상에서 벌어지는 사건들과 사회적인 이슈, 또는 개인적인 고민, 재미있는 이야기, 실없는 농담 등 다양한 주제의 대화가 자연스럽게 이루어졌기 때문에 밥을 먹는 시간은 선후배, 동기들과 관계가 더욱 가까워지고 돈독해질 수 있는 계기를 제공해 주는 시간이기도 하다.

식당에는 생도들이 공지사항을 확인할 수 있는 큰 스크린이 있었다. 방송반 생도들은 스크린을 통해 TV를 틀어 주거나 연대, 대대, 중대, 동기회, 각 문화부장 및 체육부장, 개인이 전파하는 공지사항을 종합해서 올려놓았고 생도들은 화면을 통해 공지사항을 확인했다. 식사를 하는 것은 생도들의 중요한 일과이자 의무였으므로 식당 스크린 화면은 공지사항을 전파할 수 있는 가장 효율적인 수단이라고 할 수 있었다. 식당에서 자신에게 해당되는 공지사항을 확인해 두고 식사를 마친 뒤에 방에 돌아오면 생도들은 학과수업을 준비한다. 학과수업 전 생도들은 다시 생도사 앞의 생도 광장에 모여 인원을 체크한 뒤 전교생이 다 함께 학과 장소인 통해관으로 이동했다.

해군사관학교의 학과 공부와 체육부 활동

학과 생활

생도들의 학과 생활을 위한 교반은 문과와 이과로 구분되며, 중대 구분 없이 교반으로 편성된다. 생도들은 보통 자신이 속한 중대 내에서 거의 모든 생활이 이루어지기에 같은 중대에 있는 동기들과 가장 추억도 많고 가깝게 지내지만 학과수업을 하고 교반이 섞이면서 다른 중대의 동기들과도 함께 시간을 보낼 수 있는 환경이 조성된다.

사관학교의 특징 중 하나는 같은 학년인 동기들이 많지는 않지만 생도들은 가입교부터 시작하여 중대생활과 학과생활, 각종 실습훈련 및 체육부, 문화부 활동 등을 통해서 모든 동기들과 무언가 한 번 이상은 엮이게 된다는 점이다. 이 과정은 곧 동기들끼리 자연스럽게 서로에 대해서 잘 알게 되고 친해지는 계기를 마련해 준다. 그래서 생도들은 모두가 서로에 대해 잘 알고 있으며 전체적으로 잘 지내는 편이다.

이런 유대감은 장교생활을 하는 실무 환경에서 동기들과 더 잘 어울리고 협업할 수 있는 이유가 되며, 실제 선후배들이 훨씬 많은 업무 환경 속에서 동기들을 만나게 되면 매우 반갑고 가깝게 느껴지는 이유가 된다. 우리는 해군사관학교 4년의 과정을 함께 걸어왔기 때문이다.

1학년 시기엔 공통과목을 공부했기에 학점과 과목은 모든 생도들이 똑같이 구성되었다. 하지만 각 교반 별로 수업시간표가 다르게 구성되었으며, 교수님이 다른 경우도 있었다.

2학년 시기부터 생도들은 전공수업을 선택하게 되고 전공에 따라 교반이

다시 새롭게 편성되어 3년간 같은 교반의 동기들과 학과생활을 같이 하게 된다. 하루 일과 중 학과도 상당한 시간을 차지하고 있었기 때문에 교반의 동기들과 함께 하는 시간도 길었고 우리는 자연스럽게 수업 중에 일어난 여러 사건들과 추억들을 공유하며 더욱 친해질 수 있었다.

오전수업을 마치게 되면 생도들은 점심식사 전에 다시 또 집합해서 인원을 체크한다. 인원 관리는 군대에서 가장 중요한 요소 중 하나이지만 하루 동안 집합과 인원 체크를 몇 번이나 했는지도 모를 만큼 당연한 일상이 되었다. 사관학교는 군대의 성격이 있으므로 당연히 인원 확인의 중요성이 강조되었으며, 아침에 일어나서부터 자기 전까지 인원 체크가 반복되었다. 어느새 나도 그런 문화에 익숙해지고 적응하고 있었다.

생도들은 점심식사를 하고 나면 다시 학과 장소로 이동해 오후수업을 진행한다. 오후수업은 특히, 밥을 먹어 배가 부른 상황이었고 특히 점심시간 중에 얼차려나 훈련을 받은 상황이 겹치게 되는 경우, 더 졸리고 힘든 시간이 되곤 했다. 그래서 공강 시간이 되면 같은 교반 동기들끼리 다 함께 모여 잠을 자는 일도 다반사였다.

일주일씩 돌아가면서 맡았던 교반장은 수업 진행을 위해 강의실을 준비하고 인원을 체크하는 역할을 수행했지만 공강 시간이 되면 충분한 휴식을 취할 수 있는 장소를 찾아 어느 강의실이 비었는지 확인하고 교반 동기들에게 전파해 주는 역할을 하기도 했다.

나는 사실 사관학교에 입학하게 되면 고등학교 때처럼 공부를 하지 않아도 될 거라고 기대했다. 군대를 떠올려 보면 공부보다는 운동과 훈련을 하고 있는, 현장에서 몸을 쓰는 모습이 떠올랐기 때문이다.

하지만 역시 공부는 인간이 영원히 해야 하는 숙제인 법, 사관학교 생도들에게는 상당한 양의 학습량이 주어졌다. 공부를 잘하는 친구들과 열심히 하는 친구들이 많았기 때문인지 동기들 사이의 경쟁도 치열했다. 공부는 졸업하기 전까지도 이어졌으며 이는 사관학교에서 뿐만 아니라 장교생활을 하면서도 계속되었다. 적과 아군의 정보, 훈련, 장비, 작전 개념 등 지속적인 공부와 시험이 반복되고 요구되었기 때문이다. 입교를 하면 적당히 공부해도 괜찮을 것이라는 생각을 했었지만, 막상 치열하게 공부를 할 수밖에 없는 현실과 부딪히면서 깨달은 사실은 사람은 평생 공부하면서 살아야 한다는 것이다.

어떤 일이든지 꾸준한 공부와 노력을 통해 습득한 지식과 태도는 일을 더 잘할 수 있도록 만드는 중요한 역할을 하며 개인을 성장시키는 중요한 밑거름이 된다. 이 사실은 인생의 진리 중 하나일 것이다.

사관학교에서도 전공이 있다?

사관학교에도 전공이 있다. 모든 생도들은 기본적으로 군사학을 전공하며, 복수전공으로 개인이 전공을 선택할 수 있는 시스템이다. 생도들은 졸업할 때에는 군사학과 개인이 선택한 전공 두 가지의 복수학위를 취득해서 졸업한다.

전공은 입교 당시 문과냐, 이과냐에 따라서 달라진다. 문과의 경우에는 국제관계학과, 군사전략학과, 외국어학과가 있고 이과의 경우에는 국방경영학과, 해양학과, 기계조선학과, 무기체계학과, 전기전자과, 컴퓨터(전산)과가 있었다.

나는 국방경영학과를 전공했다. 국방경영학과는 일반대학의 경영학과 산업공학을 섞어놓은 형태의 전공이었으며, 목표를 달성하기 위한 효율적인 방법을 심리적, 수학적, 확률적인 방법으로 연구하는 과목이었다. 나는 전공 수업을 통해 다양한 이론과 공식을 익힐 수 있었는데, 내가 흥미를 기지고 있는 주제였기 때문에 즐겁게 공부할 수 있었다.

대학이란 무엇인가?

대학에서의 전공과 교양과목들은 내 삶에서 내가 사고할 수 있는 생각의 폭을 넓혀 준다는 점에서 의의가 있다. 확장되는 사고는 새로운 생각을 탄생시키고 기존에 내가 가진 배경지식과 더해지면서 융합되고 새로운 생각을 만들어낸다. 이런 측면에서 나는 국방경영학을 전공하면서 같은 상황 속에서 조금이라도 더욱 합리적으로 생각하는 방법과 태도를 배울 수 있었다. 당시 배웠던 이론이나 공식들은 지금 거의 기억도 나지 않고 살아가면서 이를 그대로 적용하는 일은 거의 없을 테지만 목표를 효율적으로 달성하기 위한 최적의 방법을 찾는 과정을 통해 형성된 사고와 태도는 평생 동안 내 삶에 영향을 미칠 것이다.

이런 점에서 대학에서의 교육은 전공과목을 통해 다양한 학문과 이론들을 접하고 교양과목을 통해 기존 학창 시절 경험해보지 못한 개념을 익힐 수 있다는 점, 같은 또래의 친구들과 다양한 동아리 활동 및 대외활동을 통해 새로운 것들을 경험할 수 있다는 점에서 삶에 유익하고 긍정적 영향을 미친다. 이런 부분들이 대학교육의 의의라고 생각한다.

학교의 가치와 서열에 따라서 한 사람이 평가되고 전공에 맞추어 진로를 선택하게 되는 경우도 많아 대학의 서열을 무시할 수 없는 게 현실이지만 본래 대학은 사람에 대한 평가와 취업을 위해 존재하는 곳이 아니기 때문에 우리는 대학의 존재와 의미에 대해서 좀 더 생각해볼 필요가 있다. 대학 생활을 통해 쌓은 나의 강점과 경험은 취업과 직업에서의 강점 이전에 내 삶에서의 강점과 경험으로 작용해야 한다. 실제로 수많은 직업들을 가지고 일하는 사람들을 보면 전공과 관련되지 않은 직업을 가진 사람들이 훨씬 많은데, 꼭 전공과 관련한 직업을 선택해야 할 필요가 있을까 싶기도 하다.

사관학교의 체육부 활동

오후수업을 마치면 생도들은 생도사로 복귀해 체육부 또는 문화부 활동을 준비한다. 생도들은 매일 학과수업을 마치고 난 뒤에는 학교 행사가 있는 게 아니라면 체육부 활동 또는 문화부 활동을 했다. 대학교에서의 동아리 활동과 같은 개념이다. 다른 점이 있다면 모든 생도들이 체육부, 문화부 활동에 필수적으로 참가를 해야 한다는 것이며, 1학년의 경우 필수적으로 참가해야만 하는 체육부 활동이 있다는 점에서 달랐다.

1학년들은 먼저 체육부 시간에 태권도와 수영을 배워야 했다. 기존에 태권도와 수영을 배웠던 생도라고 할지라도 일정 기간 이상은 참가해야 하는 과목이었으며, 통과해야 하는 기준이 있었다. 각 종목별로 일정 기준을 충족시킨 후에야 비로소 생도들은 자신의 체육부 활동을 직접 선택할 수 있었으므로 먼저 기준을 통과해서 다른 체육부 활동을 할 수 있었던 생도들은 동기들에게 부러움을 사기도 했다.

학교에서 다양한 체육부 활동이 가능하다는 점은 사관학교의 또 하나 장점이다. 해군사관학교는 특성상 바다를 끼고 있기 때문에 해양체육활동과 관련된 체육부 활동이 존재하기 때문이다.

복싱반 부원들과 함께

　해군사관학교에는 요트, 크루저, 윈드서핑, 조정, 수영 등 바다에서 할 수 있는 체육부가 있었고, 미식축구나 럭비와 같은 몸을 부딪치는 격렬한 스포츠도 할 수 있는 환경이었다. 특히 주말에는 신청자를 받아 카누나 낚시와 같은 해양활동 체험도 할 수 있었다.

　나도 전부 다 경험을 해보지는 못했지만 다양한 스포츠를 경험할 수 있는 선택지가 있다는 것은 해군사관학교만의 차별화된 매력일 것이다.

체육부 활동	일반체육과	축구반	럭비반	농구반	배구반
		야구반	배드민턴방	테니스반	트라이에슬론방
		보디빌딩반	풋살반	탁구반	
	해양체육과	요트반	크루저반	조정반	윈드서핑반
		수영반			
	무도과	태권도반	유도반	검도반	복싱반

2019년 기준 해군사관학교 체육부 활동 종류

나는 체육부로 복싱반에 지원했다. 원래 운동을 좋아하는 사람이 아니었기 때문에 일부러 격한 운동을 선택해서 열심히 해보고 싶은 마음도 있었고, 격투기에도 흥미가 있었기 때문이다. 결과적으로 복싱이라는 운동을 통해 체력도 좋아지고 스트레스도 풀 수 있었기 때문에 좋은 선택을 했다고 생각한다. 운동을 마치고 온몸에 땀을 흘린 채로 녹초가 되면 운동을 마쳤다는 보람과 함께 모든 스트레스가 사라졌고 생도사로 복귀하여 샤워를 한 뒤에 먹는 저녁식사는 이 세상에서 가장 맛있는 밥이 되곤 했다.

지금 생각해보면 과연 내가 해군사관학교에 지원하지 않았다면 대학생활을 하면서 운동을 꾸준히 할 수 있었을까 하는 의문도 든다. 해군사관학교 생도생활을 하면서 나는 체력을 단련하고 훈련과 체육부 활동 등의 다양한 활동을 통해 체력도 많이 향상되고 신체적으로 더욱 건강한 몸을 가질 수 있게 되었다. 건강한 신체에 건강한 정신이 깃들 수 있다. 좋아진 체력은 내 생각과 감정을 더욱 건강하게 만들어주는 것과 함께 내 삶에 선순환을 가져다 주었다.

문화부 활동 및 점호

사관학교 생도들은 육체적, 정신적인 활동뿐만 아니라 문화부 활동도 한다. 문화부 활동은 생도들의 필요에 따라 자주 바뀌었기 때문에 체육부보다는 덜 정형화되어 있었지만 마찬가지로 그 종류가 다양했다.

나는 문화부로 사진반에 들어갔다. 그 당시 DSLR 사진기를 들고 다니며 사진을 찍는 모습이 낭만 있어 보였기 때문이다. 소녀와 같은 감성을 유지하고 있는 나는 이따금씩 내 눈에 비치는 아름다운 모습과 풍경들을 기록으로 담아내고 싶다는 생각을 종종 하곤 한다.

사진반 내에서 DSLR 카메라의 기능과 설정에 대해 기초부터 하나씩 배우면서 사진에 대해서 배웠다. 사진 자체를 잘 찍으면 더 좋은 작품이 나오지만 요즘은 사진을 수정하는 기술이 많이 발달했기 때문에 그냥 사진을 찍어도 수정을 통해 엄청나게 멋진 사진이 나온다는 것을 알게 되면서 사진반보다 사진 편집을 할 수 있는 기술이 더 중요한 것 같다는 생각도 들었다.

문화부 활동	교양부	로봇공학방	바둑반	바리스타반	밴드반
		미디어컨텐츠방	영미문화연구반	독서반	응원반
		이충무공연구반	전통문화반	통기타반	학보사반
		국궁반	골프반		
	예술부	미술반	사물놀이반	사진반	캘리그라피반
		소고대반	연극반	현악반	

2019년 기준 해군사관학교 문화부 활동 종류

사진을 편집하는 기술은 많이 발전했지만 편집 프로그램을 통해 수정할 수 없는 것은 사진을 담는 시선인 구도다. 사진의 색감과 분위기는 수정을 통해 충분히 고칠 수 있지만 사진을 담는 시선은 고칠 수 없기 때문이다.

풍경과 사물, 인물을 담아내는 시선은 사진을 찍는 사람만이 할 수 있다. 그래서 나는 사진을 보면 구도를 보면서 작가가 어떤 대상에 대해 어떤 방식으로 표현하고자 했는지 생각해보곤 한다.

사진은 인생과 같다. 사진을 찍기 위해서는 사진기, 나, 피사체가 같은 공간과 시간의 일직선상에 놓여 있어야만 기록으로 남길 수 있다. 내 인생은 나라는 주체와 대상, 내가 바라보는 시선이 맞물려 시간 속에 기록된다. 그 내용이 어떻게 구성되고 기록되느냐 하는 점은 내가 어떤 대상과 접촉하고 어떤 생각과 태도를 가지고 있으며 주변 환경을 어떻게 바라보느냐에 따라서 달라질 것이다.

나는 휴가를 나가거나 주말이 되면 한 번씩 카메라를 들고 야외에 나가 사진을 찍곤 했다. 결국 스마트폰이 발달하고 DSLR이 점점 무겁게 느껴지면서 사진을 찍는 취미는 조금 주춤해졌지만 이따금씩 나중에 남는 건 사진밖에 없다는 것을 실감하게 된다.

시간이 흐르면서 잊히고 왜곡되는 우리의 기억과 달리 사진은 그때의 상황을 그대로 보여 주는 객관적인 기록이라는 면에서 사진은 중요한 의미를 갖는다. 시간이 흐른 뒤 나를 되돌아볼 수 있는 추억을 위하여 지금도 여전히 가끔씩이라도 사진을 찍어야겠다는 생각이 문득 든다. 지금 이 글을 기록하고 있는 것처럼.

일과시간 이후의 생활

체육부, 문화부 활동을 끝내고 저녁을 먹고 나면 1학년들은 중대를 청소하고 다른 생도들은 선배들에게 지적받았던 사항들에 대하여 점검을 받았다. 예를 들어 청소 상태를 지적받았다면 청소를 다시 잘했는지 재확인하는 시간인데, 워낙 지적이 난무하던 환경이라 지적하는 사람도 지적받은 사람도 한창 바쁜 시간이었다. 보통은 이런 과정에서 후배가 더 힘든 것이 정석이었지만 둔한 후배를 만나게 되는 경우에는 선배가 더 힘들어지는 상황도 생기곤 했다. 후배 지도 또한 후배에 대해 관심이 있어야 할 수 있으며 에너지와 시간을 쏟아야 하는 일이기 때문이다.

한바탕의 에너지 소모를 마치고 난 뒤에는 저녁점호가 시작되기 전까지는 학습시간이 주어진다. 하지만 보통은 학습이라기보다 룸메이트들끼리 모여 하루 있었던 일들을 공유하는 시간으로 활용되었다. 특히 저학년 시기에는 주로 잠을 자거나 동기들과 대화하면서 보낸 시간이 길었다.

그 시간은 저녁을 먹고 점호를 하기 전까지의 정신없이 보냈던 하루 중에서 중대의 동기들과 편하게 얘기할 수 있었던 유일한 시간이었기 때문에 하루 중에서 가장 즐거운 시간이 되었다. 지금도 기억하고 있는 추억들은 대개 이 시간에 동기들과 대화하면서 생겨나곤 했다.

생도생활에서 체득한 삶의 양식

저녁점호가 시작되면 4학년 선배들은 순찰을 돌고 저학년 생도는 긴장한 상태로 선배들의 순찰을 기다린다. 선배들의 주요 관심사는 정리정돈 상태 또는 그날의 중점사항을 확인하는 것이었다.

후배들은 이에 대응하여 기합이 실린 큰 목소리와 태도로 선배들에게 강력한 첫인상을 심어 주려고 노력했다. 실제 얼마나 잘 정리정돈을 하고 청소를 했느냐도 중요하지만 결국 사람이 검사하는 법이고, 사람의 마음을 얻는 것이 더욱 중요하다는 것을 우리들은 자연스럽게 체득하고 있었던 것이다. 그리고 청소와 정리정돈을 하면서 알게 된 사실은 깨끗한 것과 깔끔한 것은 다르다는 것, 가장 깔끔한 것은 아무것도 없는 상태라는 사실이다.

시간이 지나면서 나는 자연스럽게 앞으로의 효용성을 비교해서 물건을 사고 불필요한 물건을 없애는 습관이 생겼다. 생도생활을 하면서 자연스럽게 미니멀 라이프를 체득하고 있었던 것이다.

깨끗한 것과 깔끔한 것의 차이라면 깨끗한 것은 눈으로 잘 보이지 않는 위생 문제와 결부되지만 깔끔한 것은 눈으로 보이는 외적인 부분이라는 점이다. 따라서 깔끔하지만 깨끗하지 않은 경우와 깨끗하지만 깔끔하지 않은 경우를 모두 경험해보면서 점호시간이 되어 촉박한순간에 둘 중 하나를 선택해야 하는 상황이 왔을 때 깔끔한 것을 추구하게 되었다. 모든 것을 다 확인할 수 없는 선배의 입장을 고려해볼 때, 지적받지 않기 위해서는 외적인 첫인상이 더 큰 효과를 발휘했기 때문이다.

생도들은 이와 같은 다양한 상황에 따른 처세술을 배우게 되었고, 그 결과로 점차 지적받는 횟수도 줄어들게 되었다.

점호가 끝나면 취침시간 방송이 울린다. 취침도 의무였기 때문에 사전에 학습을 위해 미리 연등을 신청하지 않은 경우에는 침대에 누워 있어야 했다. 침대에 눕는 것도 내 맘대로 못하느냐는 불만을 가지면서도 침대에 누우면 바로 잠에 들면서 하루는 마무리되었다. 그렇게 잠이 들면 눈 깜빡할 사이에 아침이 밝아온다. 그리고 우리는 그런 새로운 삶의 패턴 속에서 적응하며 학교생활에 익숙해지고 있었다.

팔로워의 경험기 1학년 : 모토는 복종, 대명사는 보텀

배의 밑바닥, 보텀

해군사관학교에서는 각 학년을 지칭하는 대명사와 모토가 있다. 실제로 이 대명사와 모토가 학년에 따른 삶의 모습을 흡사하게 보여 주기 때문에 생도들 사이에서 자주 입에 오르내리는 별명이 되었다.

1학년은 배의 밑바닥이라는 의미의 보텀이라는 별명을 가지고 있으며, 모토는 '복종'이다. 사관학교 내에서 가장 밑바닥 생활을 해보고 복종을 해봐야 나중에 선배가 되고 장교가 되어서도 부하를 잘 이끌 수 있다는 의미다. 훌륭한 리더가 되기 위해서는 그전에 먼저 훌륭한 팔로워가 될 수 있어야 한다. 보텀들은 1학년 시절을 겪으며, 선배가 되면 어떻게 후배들을 대해야겠다는 방향성을 설정한다.

1학년들이 보텀이라고 불렸던 이유는 1학년에게 요구되는 기대와 역할이 많아 마치 밑바닥 삶과 흡사하게 느껴지기 때문이다. 예를 들어 우리는 1학년 시절 선배들이 일어나기 전에 먼저 일어나 기상 15분 전 방송을 기다렸고 기상 소리가 울리면 중대 건물의 조명을 켜고 각자 방문 앞에 나란히 모여 팔굽혀펴기를 실시했다. 4학년 선배인 65기에 맞춰 팔굽혀펴기 65회를 실시했는데, 아마 최고 선배들에 대한 대우였을 것으로 생각한다.

기상방송도 나오지만 이와 동시에 1학년 생도들의 숫자를 세는 우렁찬 목소리가 선배들을 깨우는 알람인 셈이다. 매일 아침 팔굽혀펴기를 65회씩 하다 보면 체력이 좋아지는 것을 느끼기도 하지만, 내 기수가 좀 더 빨라서 선배들의 기수 숫자가 좀 더 낮았으면 팔굽혀펴기를 더 조금 덜 할 수 있었을 텐데라는 생각이 들기도 했다.

특히 68기라는 이유로 훈련을 받을 때 68회, 68바퀴라는 기준이 훈련에 종종 적용되었는데, 그럴 때마다 좀더 낮은 기수로 들어왔다면 좋았을텐데라는 생각을 하기도 했었다. 물론 선배들은 다른 방식으로 지금보다도 더 열악한 환경 속에서 힘든 생활을 했을 것임을 알고 있다.

보텀들에게는 군가를 부르거나 관등성명을 대는 것과 같이 목소리를 낼 때는 최대한 크고 우렁찬 목소리가 요구되었다. 1학년들이 얼마나 기합이 들어 있고 목소리가 큰가에 따라서 중대의 사기와 분위기가 결정되기 때문이었다.

선배들의 관심사는 주로 자기 자신이나 후배 지도로 집중되었기 때문에 가장 손이 많이 가는 1학년은 주요 표적이 될 수밖에 없었다. 보텀들은 선배들의 지도로부터 자유롭지 못한 환경에 있었다.

보텀의 가장 큰 무기는 큰 목소리다

보텀인 1학년에게 목소리는 자신의 능력을 증명할 수 있는 가장 큰 무기다. 얼차려를 받거나 훈련을 받을 경우에 목소리는 얼마나 훈련에 얼마나 열심히 참여하고 있는지에 대한 척도와 기준이 되었다. 나는 원래 성량이 크지 않았지만 식사 전후로 구령 연습을 꾸준히 시키는 환경과 나름대로 꾸준한 노력으로 목소리를 다듬어서 크게 내는 방법도 배우게 되었다. 노래방에 가서 노래를 부를 때 나의 음역대가 높아져 있는 사실을 확인한 순간에는 조금 감동했다.

1학년들은 관등성명을 댈 때도 ○○○ 보텀으로 호명을 한다. 자신이 놓인 상황과 위치를 자각시키는 효과적인 시스템이다.

보텀들은 생도 기숙사에서 이루어지는 모든 작업에 동원되었으며 중대 내의 청소와 온갖 잡무를 도맡아 했으므로 항상 뛰어다녀야 했다. 식사시간에는 밥을 먹고 나면 분대의 식판을 모아 잔반을 처리했으며, 점호시간에는 청소 및 생활과 관련된 지적으로 선배들에게 끌려다니기 바빴다. 보텀들은 하루 종일 육체적, 정신적으로 여유가 없는 생활을 영위하고 있었다.

보텀의 하루 준비

대부분의 1학년들은 깔끔하고 단정한 외모를 유지하고 관리하기 위해 노력해야 한다. 자기관리를 위한 목적도 있지만 그보다 선배들로부터 지적 받지 않고자 하는 게 가장 중요한 목적이다.

이를 위해 보팀들은 아침 일찍 일어나 구두를 닦고 옷을 다리면서 하루를 준비했다. 매일 옷을 다리고 구두를 닦다 보면 다림질과 구두닦이의 프로가 된다. 이정도 전문성이 있으면 굶어죽지는 않겠다는 생각이 들 정도로 일상이었다.

나는 보팀시절 평균적으로 오전 5시 30분에서 6시 사이에 일어나 하루를 준비했다. 그리고 이불을 각이 잡히게 정리하고 책장과 책상, 옷장을 깔끔하게 정돈하고 청소하며 다짐을 했다. 오늘은 지적과 얼차려를 받지 않고 넘어가기를.

1학년의 삶은 정말로 바쁘다. 하지만 그렇게 느끼는 것도 바쁘고 힘들다고 느낄 수 있는 시간과 마음의 여유가 있을 때 가능하다는 것을 알게 되었다. 나는 보팀 생활을 하면서 조금이라도 시간이 생기면 잠을 잤다. 자다가 걸려서 지적을 받고, 얼차려를 받고, 이로써 다시 체력이 방전돼 잠들게 되는 악순환에 빠진 적도 종종 있었다. 해군사관학교에서 보낸 1학년 생활은 인간이 가지고 있는 적응력에 대해 경외심을 느낄 수 있는 시간이었다. 사람은 정말 끈질기며 생각처럼 나약하지도 않고 어떠한 상황에도 적응할 수 있는 존재다.

저학년인 1, 2학년 생도들은 학과시간에 대부분 잠을 잔다. 적어도 나는 그랬다. 특히 1학년 1학기의 학업 기억은 거의 전무한데, 대부분의 다른 동기들도 마찬가지였기에 지금도 동기들을 만나서 학과 시간에 대한 얘기를 하다 보면 잠을 잤던 얘기를 하면서 웃음을 터뜨리곤 한다. 이젠 즐겁게 웃을 수 있는 추억거리가 되었지만 그 정도로 보팀들의 생활은 바쁘고 정신없는 생활의 반복이었음에 대한 증명이다.

보럼들의 공유문화

1학년들은 동기들만 모일 수 있는 학과시간이 되면 서로가 겪었던 일들을 서로 공유하는데 바빴다. 누가 선배로부터 지적을 받고 얼차려를 받았다는 이야기, 누군가 하지도 않은 일로 누명을 쓰고 선배에게 끌려간 이야기, 누군가 바보처럼 행동해서 선배에게 혼이 난 이야기 등 모든 주제의 공통점은 혼이 나거나 잘못을 지적받은 내용이었다. 특히 어느 조직에나 '고문관'은 있으므로 조금 둔한 동기와 관련된 이야기는 마르지 않는 샘물이자 이야기 보따리였다. 동기들과 함께 이런저런 경험들을 공유하면서 같이 웃고 같이 슬퍼하고 선배들 욕을 하고 수업이 시작한 뒤에는 잠을 자다 보면 학과시간은 너무나도 빠르게 지나가 버렸다.

이제 막 스무 살이 되어 온갖 작업과 학습, 훈련, 운동을 병행해야 하는 환경은 가치관이 완전하게 형성되지 않은 새내기들에게 쉽지 않은 환경이었다. 생도라는 신분이 군인과 대학생의 성격을 함께 가지고 있음기 때문에 생도들은 사관학교 생도기숙사에서 영내생활을 하면서 주말 외출과 외박에 자유롭지 못했고, 입교 후 여름휴가 이전까지는 핸드폰도 사용하지 못했으니 상당히 제약된 환경을 견뎌야만 했다. 나는 처음에는 불만을 가질 여유도 없었지만 조금씩 적응하고 익숙해지면서 부정적인 생각과 감정이 조금씩 쌓이기도 했었다.

지금 생각해보아도 생도생활 속에 어느 정도의 불합리함은 있었넌 것 같다. 하지만 좀 더 직급이 높아지고 시야가 넓어지면서 다양한 관점에서 생각해볼 수 있게 되었고 그 불만도 조금씩 사라져갔다. 학교 내에서 제약을 받는 생활을 통해 배운 가치들에 초점을 맞추게 되었기 때문이다.

이런 가치들에는 시간 개념이나 정리정돈하는 태도, 조직생활과 인간관계, 처세술 등이 있으며, 여러 악조건을 이겨내면서 얻은 자신감과 자존감, 근성도 포함된다. 이는 내 삶에 긍정적인 영향을 미쳤으며, 현재의 나를 만든 중요한 자양분이 되었다.

해군사관학교도 다른 조직들과 마찬가지로 선진화되고 개선되는 과정 중에 있다. 좋은 문화와 시스템을 만들기 위해 많은 훌륭한 사람들이 자신의 위치에서 열심히 노력하고 있기 때문이다. 이는 실제로 내가 실무생활을 하면서 해군의 노력과 변화를 직접 보면서 느꼈던 점이다. 당연히 현재의 사관학교는 9년 전 내가 생활했던 때에 비해 더 나은 모습으로 바뀌었으며, 앞으로도 더 좋아질 것이라 확신한다.

복종과 모범 사이에 낀 2학년 : 이 또한 지나가리라

해야 할 일이 널린 슈퍼맨

해군사관학교 생도 2학년의 대명사는 '슈퍼맨'이며 모토는 '모범'이다. 1학년만큼은 아니지만 저학년으로서 해야 하는 의무들은 여전히 남아 있으면서도 1학년들을 챙기고 가르쳐야 하는 의무가 추가로 부여되기 때문이다. 히어로 슈퍼맨처럼 많은 일들을 잘 처리할 수 있는 체력과 능력을 갖추고 있어야 한다는 의미다.

해군사관학교에서는 1학년과 2학년 사이에 매칭 제도가 있다. 맞선임의 개념으로, 새로 들어온 신입 1학년을 가르쳐주고 챙기기 위해 최소 1명의 선배가 매칭되는 개념이다. 2학년은 1학년이 순탄하게 학교생활에 적응할 수 있도록 그리고 선배들로부터 지적받지 않는 양호한 생도생활을 해나가기 위한 방법과 태도를 교육한다. 물론 1학년은 선배들로부터 잘 배워서 빨리 학교생활에 적응하고 자신의 몫을 알아서 해야 하는 의무가 있었다.

해군사관학교에서는 기본적으로 1학년이 가장 힘들고 바쁜 시스템이 형성되어 있다. 하지만 어떤 후배를 만나느냐에 따라 간혹 1학년 시절보다 더 바쁜 2학년들이 탄생하는 안타까운 일이 발생하기도 했는데, 이런 경우에는 1년 동안 열심히 적응하고 생활했음에도 불구하고 상황이 나아지지 않은 현실에 정신적인 박탈감에 더욱 타격이 컸기 때문에, 주변의 응원과 격려가 반드시 필요했다.

생도들끼리는 한 개인이 힘든 상황에 놓였을 경우 이를 공감하고 함께 해결하기 위해 노력해 주는 문화가 자리를 잡고 있었다. 동기들과 함께 후배를 혼내 주러 가는 경우도 있었는데, 이런 문화는 같은 상황 속에서 오랜 시간 함께 생활하기에 느낄 수 있는 생도들만의 독특한 동질감과 소속감에서 비롯되었을 것이다.

나는 매칭 선배와 함께하면서 학교생활에 점차 적응할 수 있었다. 지금 돌이켜 보면, 나도 한참 모르는 것들이 많아 실수했던 부분도 많았고 매칭 선배 역시 아직 저학년이었기 때문에 모르는 것이 많아 실수했던 모습들도 기억이 난다. 그럼에도 불구하고 선배가 나를 생각해 주고 나름대로 신경을 써 주었다는 점은 확실하게 느낄 수 있었고 이 사실은 결과에 상관없이 항상 고마운 부분이었다.

반대로 나는 과연 매칭 2학년 선배로서 후배에게 얼마나 잘해 주었는지 생각도 해 본다. 내 나름대로 잘해 주기 위해서 노력했었지만 그 평가는 나의 노력과는 별개로 받아들이는 후배의 몫이기 때문에 후배가 나의 진심을 알아 주었기를 희망한다.

임관 후 장교로 근무하면서 1년 후배들을 만나게 되면 비록 선배긴 하지만 동기나 다름없는 관계가 형성된다. 12개월 아이와 24개월 아이는 차이가 크지만 100세 노인과 101세 노인은 거기서 거기인 법, 겨우 1년 차이기 때문에 어떤 보직으로 임무를 수행했느냐에 따라서 부분적으로 나보다 더 잘 알고 잘하는 후배들이 많기 때문이다. 마찬가지로 나 또한 내가 어떤 임무를 수행했느냐에 따라서 선배들보다 더 잘하는 부분도 있을 것이다.

결국 가까운 선후배 관계에서는 누군가 지시하는 수직적 관계라기보다 협력하는 동료 관계이기 때문에 생도생활을 할 때부터 이런 관계에 대해서 확실하게 정립이 된다면 실무에서 더욱 도움이 될 것이다.

이 또한 지나가리라

생도들이 입버릇처럼 하는 말 중 하나는 "이 또한 지나가리라."라는 말이다. 생도생활을 하면서 힘든 환경과 조직생활, 선후배와 동기의 인간관계 속에서 힘들어하는 생도들이 많고 불만으로 가득 찬 생도들도 많다.

하지만 생도생활을 하면서 견디고 이겨내다 보면 결국 문제는 해결되어 있으며, 시간이 지나면 다시 새로운 고난이 다가오는 경험을 반드시 하게 된다. 그래서 모든 생도들은 알고 있다. 이 또한 지나간다는 사실을, 그리고 새로운 고난이 다시 찾아올 것이라는 사실을.

건강한 신체와 생활의 균형

내 경우 2학년의 학과생활 또한 1학년 시절과 비슷했다. 2학년이 되었음에도 역시 학과시간에 졸음을 참기는 어려웠으며, 교수님께 죄송하게도 학과시간 중 잠드는 것은 일상이었다. 심지어 2학년 1학기 때 나를 가르쳤던 교수님을 3학년 때 지나치다가 복도에서 뵈었을 때, 혹시 누구신지 물어보는 실례를 범한 적도 있었다. 같은 교반의 동기 3명과 함께 걷고 있었던 상황이었는데, 다른 한 명도 나와 똑같이 누군지 모른다고 했고 나머지 한 명이 우리를 가르쳤던 교수님이었던 것 같다고 알려주었다.

나는 학과시간을 통해 신체적인 건강은 정신과 매우 밀접하게 연관이 되어 있으며 중요하다는 사실을 깨달을 수 있었다. 의지만 강하다면 졸지 않을 수 있을 것이라고 생각했지만 현실은 달랐다. 잠들지 않기 위해 선 채로 수업을 들으면서도 잠드는 상황에 놓이는 건 괴로운 현실이었다.

건강한 신체는 내 삶을 더욱 활력 있고 건전한 생활을 할 수 있는 기반이 된다. 그 당시의 내 몸은 정말 건강했지만 하루하루가 너무 피곤했던 것 같다.

다행스럽게도 생도들의 이런 고충에 대해 많은 교수님들은 이해를 해 주기 위해 노력했던 것 같다. 그 이유에는 아마 힘든 사관학교 저학년 생활에 대한 동정과 아쉬움이 있었을 것이다. 교수님들은 생도들의 하루 패턴을 직접, 간접적으로 보기도 하고 항상 수업에 땀으로 얼룩져 들어오는 모습과 땀에 젖어 생활하는 모습을 봤기 때문인지, 생도들이 학과시간에 부담을 가지지 않을 수 있도록 수업을 진행해 주곤 했다.

반대로 극한의 상황을 이겨내야 한다며 더욱 강도 높은 수업과 진도로 생도들을 힘들게 만드는 교수님들도 있었다. 그 방식의 옳고 그름에 관계없이 생도들의 발전을 위한 그들만의 다양한 방법과 노력이었다는 것을 이제는 알고 있다.

해군사관학교의 교수들은 사관학교 출신, 학사장교 출신, 군무원으로 구성된다. 내 경험상 학사장교, 군무원 출신 교수들이 조금 더 생도들을 많이 배려해 주었던 것 같다. 그리고 아직 예전 문화에 젖어 있는 소수의 사관학교 출신 교수들은 훈육장교가 아님에도 불구하고 말을 잘 안 듣는 학생들에게 수업시간에 얼차려를 주는 불상사를 보여 주기도 했는데, 당연히 모든 생도들은 이런 교수님을 좋아하지 않았다.

2학년들 또한 학과 장소에 동기들끼리 모여 있으면 대화 주제는 비슷했다. 누군가 지적받고 혼났던 이야기, 누군가 겪었던 재미있는 사건 등 다양한 얘기를 나누지만 2학년이 되면 여기에 새로운 주제인 1학년이 추가된다. 1학년 후배를 지적한 이야기, 1학년이 저지른 바보 같은 행동 등이다. 1학년 때는 선배들 험담을 하면서 보낸 시간이 많았지만, 2학년이 되면서는 선배들 험담을 하는 동시에 후배들 험담도 추가로 해야 했기 때문에 여러 측면에서 '슈퍼맨'이 되어야만 했다. 그래도 동기들과 일상을 공유하고 자신이 처한 환경에서 느끼고 있는 것들에 대해 서로 얘기를 나누고 공감할 수 있는 분위기 자체가 동기들 사이에서는 큰 위안과 활력이 되었다.

사관학교의 핵심 3학년 : 생도의 꽃을 피워라

꽃의 향기를 뿜어라

3학년의 대명사는 '생도의 꽃'이며 모토는 '지도'다. 국방의 의무를 지고 입대하는 병사들이 상병이 되면서 좀 더 편해지는 것과 마찬가지로 사관학교에서는 고학년이 되는 순간부터 저학년 시절에 비해 학교생활이 훨씬 수월해진다. 생도 연대가 자치적으로 운영되는 과정에서 대부분의 작업은 주로 저학년들이 도맡았기 때문이기도 하며, 저학년 생활을 통해 사관학교 생도생활에 완전히 적응했기 때문에 스스로 해야 할 부분은 알아서 하는 요령이 생겨 상대적으로 덜 힘들게 느껴지기 때문이기도 하다.

실제로 고학년들은 작업과 같은 육체적 노동보다는 후배들을 지도하고 관리하며 책임을 지는 정신적인 노동을 하는 역할을 맡았다. 3학년 생도들은 그동안의 경험과 관록을 바탕으로 후배들을 지도했으며, 후배들을 지휘하는 4학년과 저학년 생도들 사이를 조율하는 역할을 맡았다.

고학년이 되면서 좀 더 편해지는 또 하나의 이유는 생도생활을 가장 피곤하고 귀찮게 만드는 선배들의 관심이 멀어지는 시기이기 때문이다. 3학년이 되었다는 것은 위에 있는 선배가 한 기수밖에 없다는 것을 의미하며, 4학년은 3학년과 2년이 넘는 시간을 함께 해온 관계이기 때문에 그 시간들을 인정해 주곤 했다. 한마디로 선배들이 잘 건드리지 않는다는 뜻이다.

나의 생도생활도 확실히 3학년이 되면서 시간적인 여유가 생겼으며, 나 자신에 대해서 좀 더 집중할 수 있는 시간을 보낼 수 있게 되었던 것 같다. 씨앗이 자라 잎을 맺고 꽃을 피우는 것처럼, 3학년은 저학년의 시간을 거쳐 고개를 바짝 치켜세운 생도의 꽃으로 피어난다. 나는 말과 행동에 향기가 묻어나오는 3학년이 되고 싶었다.

마음에 여유가 생기면 생활도 변한다

군대 내에서 여유가 생긴다는 것은 내가 무언가 새로운 것을 시도해볼 수 있는 역량과 범위가 커진다는 것을 의미한다. 항상 그런 것은 아니었지만 나는 생도생활 내내 주로 시간에 쫓기는 생활을 반복했으며, 주어지는 상황들을 감당하는 것만으로도 바빠 스스로 새로운 뭔가를 시도해보지 못했던 것 같다.

하지만 시간적인 여유와 함께 생겨난 마음의 여유는 내 생도생활을 변화시켰다. 학과시간에 졸지 않고 집중하게 된 시기도 3학년 시기였으며, 신기하게도 고학년이 되면서부터 나는 거의 모든 학과시간 또는 학교행사, 강연시간에 졸지 않게 되었다. 육체적인 피로감이 확 줄었기 때문일 것이다.

생도들의 평가 체계

생도를 평가하는 점수 체계에서도 공부를 더 많이 할 수 있는 여건이 조성되는 고학년이 되면, 학과점수가 차지하는 비중이 점차 올라간다. 이런 제도와 기준 또한 먼저 앞길을 걸어갔던 선배들이 만든 것이기 때문에 생도들의 상황을 잘 이해하고 있었던 것으로 보인다.

생도들의 평가기준은 학과점수, 군사실습점수, 동기생 평가, 훈육관 평가 등 다양한 평가기준이 있었으며, 각 기준별 점수를 종합하여 생도들의 서열이 정해졌다. 이 중에서도 가장 잔인한 평가는 동기생 평가였는데, 같은 중대의 생도들끼리 각자 서로의 등수를 정해야 했기 때문에 평가할 때마다 마음속으로 죄책감이 드는 것은 어쩔 수 없었다. 동기들 중에서도 점수나 등수에 욕심이 있는 친구들은 학과나 동기생 평가 등에서 점수를 위해서 일찍부터 열심히 성적을 관리하는 모습을 보여 주기도 했다.

나는 운 좋게도 해군사관학교에서 상대적으로 높은 등수로 졸업할 수 있었지만 서열과 점수가 전부가 아니라는 것을 안다. 고등학교 시험성적이 고등학생의 서열을 정하기 위한 하나의 평가기준인 것처럼 생도들의 졸업 서열 또한 해군사관학교 내에서의 평가기준일 뿐이며, 이 점수가 임관을 해서

바다 위에서 버스킹

장교로 근무할 때의 업무능력을 보장하는 것은 아니기 때문이다.

하지만 어떠한 평가기준에서든 성적이 높다는 사실은 학생으로서, 생도로서 자신의 위치에서 해야 할 일에 성실히 임했다는 증거는 될 수 있다. '성실함'은 삶의 어떤 환경과 조건 속에서도 높은 성취를 낼 수 있는 가장 중요한 요소 중 하나며, 우리의 미래를 결정짓는 중요한 요인이 된다. 내 위치에서 내가 스스로 해야 하는 일을 성실하게 임해야만 하는 이유다.

즐거워진 생도생활

나는 생도생활을 즐겁게 하고자 노력하는 사람이었다. 선후배 동기들과 장난치는 것을 좋아했으며, 유쾌하고 즐겁게 살기 위해 노력했다. 마음의 여유가 생기는 3학년이 되면서 선배들과의 관계도 더욱 편해지고 동기나 후배들과도 더욱 편하게 지낼 수 있었는데, 내가 가입교 시절 희망했던 생도생활과 조금씩 가까워지게 되었던 것 같다.

　장난을 치면서 노는 과정에서 선배, 동기들과 치는 장난은 부담이 없었지만 후배들과 장난을 치는 경우에는 조심스러운 부분이 있었다. 워낙 수직적인 관계이다 보니 이를 받아들이는 후배 입장에서는 강요나 스트레스가 될 수 있겠다는 생각도 들었기 때문이다. 그래서 나는 선배들이나 동기들과 노는 것이 더 재미있었다.

　생도들은 3학년이 되면서 매일 해야 했던 작업과 청소, 훈련으로 바빴던 생활에서 벗어나 개인마다 자신만의 생활을 시작하게 된다. 동기들을 보면 대부분이 공부를 하거나 운동을 하면서, 각자 자신만의 생활 패턴을 만들어나가곤 했다.

　나는 3학년이 되고 나서 기타를 배우기 시작했다. 학원을 다니거나 다른 누군가에게 배울 수 없는 환경이었으므로 스스로 영상을 보면서 독학을 했는데, 기타 연주는 생각보다 쉽지 않았다. 오랜 시간 원하는 결과가 나오지 않으면서 흥미가 떨어지고 연습에도 게을러지기도 했는데, 결국 꾸준히 하다 보니 조금씩 익숙해지고 그럴듯하게 연주할 수 있게 되었다. 원래부터 노래를 부르는 건 좋아했지만 기타를 치면서 노래를 부를 수 있게 되면서부터 음악은 내 인생의 취미가 되었다.

　기타 연주를 연습했던 것은 생도 3학년이 되어 피운 내 꽃 중 하나다. 그리고 이렇게 하나씩 꽃을 피워가는 과정이 추가되고 반복되면서 나의 생도생활은 하루하루가 더욱 즐거워지지 시작했다.

대통령과도 바꾸지 않는 4학년 : 자율에서 비롯되는 책임

사관학교 내에서 4학년의 대명사는 '대통령'이었으며, 모토는 '자율'이었다. 4학년은 학교 내에서 대통령과도 바꾸지 않을 정도로 후배들에게 막강한 권력을 행사할 수 있는 권한이 있었고 생활이 편해짐으로써 비롯되는 자유로운 생활이 보장되었기 때문이다. 현재 시점에서 바라보면 상대적으로 생활이 훨씬 나아진 부분은 있지만, 생도의 삶 자체가 제약도 많고 항상 바쁜 생활 속에 있었기 때문에 '대통령'이라는 수식어까지 붙이기에는 조금 부족한 느낌이 있었다. 하지만 4학년이 되고 나를 건드릴 수 있는 사람들은 각 대대, 중대별로 위치한 훈육장교를 제외하고는 없었고 내 말을 잘 따라주는 보텀과 슈퍼맨, 꽃들이 있었기에 대통령하고도 안 바꾸는 4학년 생활이라는 명칭이 아깝지 않았다.

4학년의 모토는 '자율'이다. 자율은 사관학교 내에서 3년 간 인내의 시간을 견뎌내면서 극복했기에 얻을 수 있는 권리가 되며, 이는 곧 생도로서의 삶에 완전히 적응했다는 것을 의미한다. 지적하는 사람이 없더라도 스스로 알아서 해야 할 것을 하는 자세와 태도를 갖춰야 했으며, 후배들을 지도하고 관리하기 위해 솔선수범하는 자세도 필수적으로 요구되었다. 그래서 4학년의 경우 이 자율성을 어떻게 잘 활용하느냐에 따라 후배들에게 멋있고 좋은 선배가 되느냐 그렇지 않으냐가 결정되곤 했다.

좋은 선배가 되고 싶어

4학년 생도들은 후배들이 좋아하는 선배가 되기 위해 많은 노력을 한다. 생도로서 리더십을 가장 잘 발휘할 수 있는 환경에 있는 시기이자 후배들과의 관계에서 자신의 역량을 가장 잘 발휘할 수 있는 시기였으므로 다양한 방법으로 후배들과 좋은 관계를 유지하기 위한 방법을 고민하곤 했다.

선배 입장에서 평소에는 후배들과 유쾌하고 막역하게 잘 지낼 수 있는 부드러운 감성과 유머감각, 후배의 입장을 공감하고 조언을 해 줄 수 있는 다양한 경험, 잘못한 부분에 대해서는 따끔하게 지적해 줄 수 있는 냉정함, 공과 사를 구분하여 관계를 유지해나갈 수 있는 능력이 필요했으며, 상황에 따라 물량 공세를 할 수 있는 재력도 필요했다.

사실 후배 입장에서는 지적하지 않고 먹을거리를 잘 사 주는 선배가 가장 좋은 선배다. 그러다보니 4학년 생도들의 노력만큼 인정받지 못하는 경우도 적지 않았다. 하지만 이런 노력들이 나중에 장교로 임관하고 난 뒤에 상관을 모시고 부하를 지휘하는 리더십을 발휘하는 데 값진 경험이 되었을 것이라 생각한다.

조금은 풍족해지는 생활

고학년이 되면서 삶이 더욱 풍족해지고 행복하다고 느끼는 이유 중의 하나는 생도들의 인간관계가 훨씬 좋아지기 때문이다. 고학년이 되면서 선배들의 관심과 지적으로부터 자유로워지는 부분도 있지만 다른 무엇보다도 동기들 간에 사이가 더욱 좋아지게 되는 부분이 생도생활에 큰 영향을 미친다.

저학년 시기에는 바쁘고 육체적, 정신적으로 힘든 상황에 자주 직면하다보니 하루 종일 같이 생활하는 동기들 사이에서 갈등이 발생하는 경우도 종종 있었다. 힘들고 위급한 상황에서 발휘되는 다양한 유형의 방어기제는 협동과 배려가 가장 중요시되는 단체 생활에서 때로는 이기적인 모습으로 나타나기도 했으며, 상대방에게 오랜 시간 서운한 감정들이 누적되어 갈등을 일으키는 경우도 있었다.

하지만 이러한 갈등과 관계도 고학년이 되면서 점차 누그러지게 된다. 동기들 서로가 마음의 여유를 찾게 되면서 더욱 상대방을 배려하고 이해하게 되며, 오랜 시간을 함께하면서 상대방과의 적절한 거리와 존중할 부분을 서로 공유하게 되었기 때문이다.

이런 인간관계의 개선은 더 행복한 생도생활을 할 수 있었던 빼놓을 수 없는 요인이 되었다. 나 또한 동기들과 갈등도 있었고 힘든 부분도 있었지만 결과적으로 그들을 통해 내가 성장할 수 있었기 때문에, 동기들에게 감사한 마음을 가지게 된다. 특히 같은 중대의 동기들과 함께했던 다양한 경험들과 관계를 통해서 배운 가치들이 너무나도 많아서 같은 중대의 동기들에게는 더욱 고마운 마음이 생긴다. 그래서 그들은 장교로 임관한 뒤 실무에서 만나게 되면 가장 반가운 사람들이 된다.

생도생활의 마무리 단계

내가 생도생활을 마무리하면서 아쉬웠던 점이 있다면, 의무적인 생활에 치우쳐 자기계발을 많이 하지 못했다는 사실이다. 내가 하고자 하는 의지만 있었다면 할 수 있는 시간은 분명히 있었기 때문이다. 하지만 조금이라도 시간적인 여유가 생기면 쉬는 데 시간을 많이 할애하곤 했던 것 같다. 운동은 자연스럽게 할 수밖에 없는 환경이었지만 영어 점수, 자격증을 위한 공부와 같은 자기계발 부분에 있어서는 더 많은 노력이 필요했다.

또한 외출과 외박이 제한되어 있는 환경에 있다 보니 내외활동이나 사회에서 이루어지는 다양한 활동에 참여해본 적이 없는 부분도 조금은 아쉽다. 누구나 한 번쯤은 해보는 아르바이트도 해본적이 없었기 때문이다.

4학년이 되어 분대원들과 함께

   반대로 특수한 환경에 있었기에 얻을 수 있는 귀중한 경험도 많았다. 일찍 조직생활을 경험하면서 인간관계에 대해서도 더 많이 생각해 볼 수 있는 계기를 가질 수 있었으며, 육체적, 정신적으로 힘든 상황 속에서 이를 이겨내는 경험을 통해 스스로 더 단단해지고 튼튼해졌다. 특히 땅과 바다를 누비며 치렀던 훈련과 다양한 국가를 방문할 수 있었던 기회 또한 무엇과도 바꿀 수 없는 내 삶의 귀중한 경험과 추억이 되었다.

   생도생활을 통해 나는 키가 조금 더 커졌고 근육도 많이 붙었다. 생도생활을 통해 자연스럽게 체득된 자세교정과 훈련, 운동 때문이다. 하지만 무엇보다도 많이 자라고 성장한 것은 내 '생각의 크기'와 '마음의 크기'다. 한참 가치관을 형성하고 새로운 것들을 통해 다양한 가치를 배우던 20대 초반에 단체생활을 통해 배웠던 가치들과 선후배 동기들 사이의 인간관계 속에서 끊임없이 생각하고, 고민하고, 문제를 해결하고, 극복하기 위해 노력했던 시간들은 조금씩 쌓여 나를 성장시켰다. 이는 생도생활뿐만 아니라 장교생활을 통해서도 지속되었다. 나를 성장시켜준 해군사관학교와 해군에 감사한다.

해군사관학교만의 문화

독특한 환경이 독특한 문화를 만든다

15분 전 태도

우리나라의 해군, 육군, 공군은 같은 대한민국 국군이지만 각자의 업무환경과 작전수행 개념이 다르다 보니 같은 군인이면서도 각 군 안에서 이루어지는 업무와 문화에서 차이가 생긴다. 장교를 양성하는 목적을 가진 사관학교에도 이런 문화적 차이가 반영되어 각 사관학교별로 독자적인 문화가 만들어지게게 되었다.

해군은 타군과 다르게 15분 전 태도라는 문화가 있다. 정해진 시간이 되면 함정은 육지에서 떨어져 출항해야 하기 때문에 시간에 늦은 사람은 배에 탈수 없다. 이러한 요소로 인해 해군에서는 정확한 시간 개념이 요구된다. 함정이 정해진 시간에 출항하기 위해서는 항해준비, 출동신고, 장비가동, 식량보급, 유류물자 등 충분한 준비시간이 필요하기 때문에 모든 승조원은 출항

이전부터 각자 자신의 위치에서 준비를 마쳐야 만한다.

함 내의 승조원들은 출항 5분 전이 되면 배와 육상을 이어주는 현문을 철거한다. 따라서 적어도 5분 전에는 전 승조원이 출항을 할 수 있는 상태를 갖추어야 하며, 정해진 출항시간이 되면 육상에서 바다로 항해를 시작한다.

이런 해군의 특징은 해군의 과업에도 반영되어 15분 전 방송이 울리면 승조원들은 과업을 진행할 수 있는 준비를 시작하고 5분 전 방송이 울리면 과업을 진행할 수 있는 준비가 완료된 상태로 대기하며, 준비가 되는 대로 과업을 시작한다. 해군은 정해진 일과시간이 되면 과업을 진행하고 있다. 이것이 해군의 15분 전 문화다.

해군사관학교에서 해군의 15분 전 태도는 15분 전 태도의 15분 전 태도라는 악습으로 번지기도 했지만, 사실 정해진 약속을 미리 준비하는 태도는 해군뿐만 아니라 삶에서도 상당히 유익한 습관이다. 먼저 일어나서 준비하는 습관이 생기게 되기 때문에, 일상 속에서 약속에 늦는 일이 거의 없고 업무적인 부분에서도 좀 더 부지런한 생활이 가능하기 때문이다. 특히 인간관계에서 시간약속과 성실함은 사람의 신뢰관계와 인상에 지대한 영향을 미치기 때문에 더욱 중요하다.

나는 처음 육군, 공군사관학교 동기들과의 삼사 친선활동을 하면서 타군에는 15분 전 태도가 없다는 사실에 충격을 받기도 했었다. 하지만 지금은 오히려 15분 전 태도를 일찍 습관화 할 수 있는 기회를 얻을 수 있었던 것이 행운이었다고 생각한다.

길차려

또 다른 해군의 다양한 문화 중 하나로 길차려 문화가 있다. 함정을 타고 작전을 수행하는 것이 주요 업무인 해군에서 한배를 타고 함께 생활하다 보

출항 5분 전이 되면 육지에서 배로 이동할 수 있는 현문을 철거한다. 배가 떠나면 탈 수 있는 방법은 없다.

면 좁은 복도를 지나가기 위해 서로의 배려와 양보는 필수적인 덕목이 된다. 이런 상황에서 상관이 먼저 지나갈 수 있도록 직급이 낮은 부하가 벽에 붙어 길을 양보해 주는 문화가 생겨났는데, 이것이 길차려 문화다. 이는 사관학교 내에도 적용이 되어 복도를 지나갈 때 선배들이 지나가게 되면 미리 옆으로 빠져 선배들이 편하게 지나갈 수 있도록 길을 비켜주는 규율이 생겨나게 되었다.

생도들에게 생도생활을 통해 자연스럽게 몸에 익은 길차려 습관은 장교로 임관 후에도 함정 내에서 자연스럽게 적용된다. 길차려 문화와 관련하여 생도사 내에서 저학년은 길차려를 계속해야만 했지만 고학년이 되면 길차려를 하지 않아도 되는 식으로 융통성 있게 운영되었다.

해군의 위계질서

　해군은 같은 배 안에서 함께 생활하면서 작전임무를 수행하는 특징이 있다. 그러다 보니 타군에 비해 위계질서가 좀 더 뚜렷한 편이다. 무조건적인 복종과 지나친 수직관계는 변화와 혁신이 요구되는 현대사회에서는 오히려 조직의 능률을 낮추고 조직을 해하는 요소가 되지만 한편으로 함 내 승조원 전체의 생명을 책임지고 있는 지휘관이 함 승조원을 올바르게 이끌고 지휘할 수 있는 권위를 가지고 작전을 수행하기 위해서는 확실한 위계질서와 지휘체계가 필수적으로 뒷받침되어야 하는 부분이 존재한다.

　이러한 위계질서를 형성하는 가장 좋은 모습은 지휘관을 비롯한 장교들이 자신의 카리스마와 권위를 스스로 찾아 부하들이 위계질서의 필요성을 스스로 느끼고 체계에 따라갈 수 있도록 하는 리더십과 능력을 갖추는 것이다. 실제로 실무생활을 하면서 그런 리더십과 능력을 갖춘 장교들을 많이 볼 수 있었던 것은 행운이었다.

　해군은 모두가 각자의 역할에 충실해야만 함정이 운용될 수 있기 때문에 지휘체계와 더불어 대원들 간의 협동과 책임의식, 관계가 더욱 중요한 부분으로 부각된다는 특징이 있었다.

　이러한 문화는 해군사관학교 생도들 간에 타 사관학교와 비교해 다소 수

직적인 관계가 형성되는 것에 영향을 미쳤고 동기생애와 협동을 중시하는 문화를 만들게 되었다.

직각보행

사관학교에 입교하면서 생도들은 직각보행을 배우게 된다. 해군사관학교 생도는 처음 1년 동안 학교 내에서 길을 다닐 때, 직각보행을 해야 만했다. 직각보행이란 걸을 때 앞으로 걸으면서 돌아가야 할 경우 90도로 방향을 전환해서 이동하는 보행방법이다. 직각보행은 처음 제식동작을 익히는 상황에서는 도움이 되었지만 생활 속에서 도움이 되는 부분은 크게 없었던 것 같다. 그래서 직각보행은 사관학교 1학년에게만 적용되는 규칙이었다.

어느 순간 나는 길을 지나가다가 사관학교 생도들을 보면 계급장이 아닌 걸음걸이만 봐도 1학년 생도들을 구분할 수 있는 능력이 생기게 되었다. 직각보행의 후유증 때문인지 군기가 든 걸음걸이와 또박또박 들리는 발걸음소리, 힘차게 왕복하는 팔과 굽히지 않는 팔꿈치를 보자면 단번에 1학년임을 눈치 채게 된다. 그들의 기합이 실린 단정한 모습에 한편으로는 든든하지만 조금은 기합을 풀고 자연스럽게 걷는다면 멋진 유니폼을 입고 걷는 생도들이 더욱 품위 있어 보일 것 같다는 생각이 든다.

'다나까' 말투

사관학교에 들어오게 되면 군대다 보니 '다나까' 말투에 대해 자연스럽게 배우게 된다. 워낙 많이 쓰이고 들리기 때문에 처음에는 말투가 익숙하지 않아 버벅거리거나 말이 꼬이기도 했지만 어느 순간 자연스럽게 적응하게 되었던 것 같다. 어느 순간 '다나까' 말투는 생활이 되었고 오히려 대화 중에 일반적으로 우리가 쓰는 '요'체보다 더 적절하고 자연스럽다고 느끼는 경우도 생겼다.

흔히 우리가 아는 '다나까'라는 말투의 뜻은 말의 끝이 '다, 나, 까'로 끝나는 것을 의미하는데, 군 생활을 하면서 나는 '나'를 끝에 붙이는 것은 본 적이 없다. 그리고 '나'를 쓴다고 하더라도 "밥 먹었나?"와 같이 말이 좀 어색하게 느껴지다 보니 실제로 군에서 많이 쓰이는 말투는 '다까' 체라고 하는 것이 맞는 것 같다. 그래서 그런지 '다나까'의 의미가 '다 or 까'를 의미한다는 말도 있을 정도로 다양한 설이 존재한다.

국방부에서도 이제는 부자연스러운 '다나까' 말투를 지양하고 '요' 체를 지향하고 있다. 나도 실무생활을 하면서 '요' 체를 자연스럽게 사용하는 사람 중 한 명이었고 '요' 체를 썼다고 해서 말투를 가지고 지적하는 선배들 또한 거의 없었던 것 같다. '요' 체를 아무렇지 않게 받아들이는 선배들도 많았고 오히려 후배들이 어색해서 쓰지 못하는 경우가 많았다.

사실 말투보다는 그 내용에 초점을 맞추어야 할 것 같다. 마치 각 지역별 사투리가 다르지만 의미가 통하듯이, 말투 또한 받아들이는 입장에서 의미만 잘 전달될 수 있다면 문제가 발생하지 않기 때문이다. 이런 생각은 사관학교 생도생활을 하면서 다양한 지역의 사투리에 익숙해지면서 느끼게 된 부분이다.

해군의 유니폼

해군의 특징이자 매력적인 장점 중 하나는 유니폼이 다른 어느 군보다 그 종류가 다양하고 멋지다는 것이다. 계절에 따라 검은색과 흰색, 황색으로 달라지는 다양한 종류의 유니폼들은 동코트, 스웨터, 야상, 전투복, 근무복, 잠수함복, 고속정복, 비행복, 특전복 등 다양한 종류로 나뉜다. 해군사관학교 생도들도 마찬가지로 계절에 따라 달라지는 정복, 근무복, 동코트, 스웨터 등을 포함하여 예식복, 수영복 등 다양한 종류의 유니폼을 지급받는다. 계절과 날씨에 따라 다르게 선택해서 입는 사관학교의 유니폼은 입는 사람에게 다양한 옷을 골라 입는 즐거움을 선사해 주었다.

생도시절 동기들과 얘기를 나누다 보면 해군 제복이 멋있어서 들어왔다고 하는 동기들도 있었다. 특히 사관학교가 위치해 있는 진해에 사는 사람들은 제복을 입은 사람들을 자주 보기 때문에 더 영향을 받았을 것 같다. 그만큼 해군 유니폼은 그 종류가 다양하고 멋있기에 타군과 차별화되는 부분이며, 자부심을 느낄 수 있는 부분이다.

다양한 유니폼의 단점을 찾는다면 종류가 다양한 만큼 챙겨야 하는 것들이 많다는 점이 있었다. 예를 들어 계절이 변화하여 정복이 바뀌게 되면 명찰과 기장을 다시 달고 계급장도 다 다시 달아야 했기 때문에 번거로움이 있었고, 이사를 하거나 출동을 나가기 위해 옷가지를 옮겨야 하는 경우에는 유니폼이 많다 보니 조금의 불편함이 있었다. 물론 큰 문제는 아니다.

소속의 변화

해군사관학교 1학년들은 가입교 소대에 따라서 그대로 중대로 편입이 된다. 나는 가입교를 1소대로 시작을 했기 때문에 자연스럽게 1중대로 편입되었다. 하지만 2학년이 되면 1학년이 들어오는 것과 동시에 중대가 한 번 섞이게 되는데 1학년 시기에 어떤 중대에 배정받았느냐보다는 2학년이 되어 새롭게 어느 중대로 배정받는가 하는 것이 생도들에게는 더욱 중요한 관심사가 되었다.

그 이유는 중대 소속이 4년 동안 생활하면서 한 번만 바뀌기 때문에, 앞으로 3년을 계속해서 함께 할 동기들과 선배들을 만나게 되기 때문이기도 하며, 2학년 입장에서는 1학년 생활을 하면서 형성되고 누적된 이미지에서 벗어나 새로운 이미지를 만들 수 있는 기회가 되었기 때문이다. 2학년 시기에는 교반도 전공에 따라서 바뀌는 시기이기 때문에 1학년만큼이나 2학년들도 많은 변화와 적응에 마주치는 격동의 시기가 되었다.

나는 2학년이 되면서 1중대에서 6중대로 편입되었다. 1중대에서 생활을 하면서 동기들과 많은 추억을 쌓았고 이후에 6중대에서 새롭게 만난 동기들과 더 오랜 시간을 함께하며 다양한 추억을 쌓을 수 있었다. 다른 점이 있다면, 1중대에서는 해군사관학교 생도생활을 시작하게 되면서 모든 것들을 처음 경험하고 느끼며 감정을 공유했던 동기들과의 추억이라면, 6중대에서는 생도생활을 하면서 일어났던 일상과 훈련 속에서 만들어진 추억이었다. 성격은 다르지만 중대가 바뀜으로써 내 생도시절의 추억은 더욱 풍성해질 수 있었다.

내가 소속된 6중대는 해군사관학교 내에서 '닭중대'가 별명이었다. 닭중대로 불린 이유는 치킨을 많이 시켜먹기 때문이었는데 우리 6중대는 행사가 끝나거나, 훈련을 마치거나, 주말이 되면 치킨을 자주 시켜먹는 문화가 형성되어 있었다. 언제부터 생긴 말인지는 모르나 2함대에서 근무할 때 모셨던 6중대 출신 과장님도 나보다 11기수 선배인 57기였는데, 그때도 닭중대였다고 하니 역사와 뿌리가 깊은 별명인 듯싶다.

사관학교 순환제도

내가 생도 3학년이 되던 2012년도에 1학년들이 각 사관학교를 순환하는 제도가 생겼다. 해군사관학교의 1학년들을 각 학교별로 같은 중대의 육군사관학교, 공군사관학교 생도들과 인원을 편성하여 매 분기마다 각 사관학교를 돌며 교육을 받는 시스템이 생긴 것이다.

내 입장에서는 처음 만나는 타군 후배들과 얘기를 나누면서 다양한 문화를 간접적으로 체험할 수 있었고, 다양한 사람을 만나는 경험을 할 수 있게 되어 감사했다. 타군의 동기를 만날 수 있는 기회는 종종 있지만 후배를 만날 수 있는 기회는 거의 없었기 때문에 신선한 자극을 받을 수 있었던 것 같다.

순환을 하는 후배들과 대화하면서 새롭게 알게 된 타군 사관학교의 선진적인 문화들도 많았고, 실제 타 사관학교의 문화를 받아들이면서 바뀐 해군사관학교의 문화들도 적지 않다. 이처럼 타 사관학교에서도 우리 해군사관학교의 영향을 받아 바뀐 것이 있을 것이라 생각한다.

내가 느끼기에 1학년 순환교류의 영향을 받아 해군사관학교에서 외출외박제도, 선후배 관계와 선배의 지도권한 등에서 변화가 있었다. 이런 과정은 지금도 현재 진행 중이며 해군사관학교를 더 좋은 방향으로 발전시키고 있다. 나도 1학년들처럼 직접 타군 사관학교를 돌면서 수업을 받았다면 좋았을 것 같다는 생각도 들지만 해군사관학교에서 1학년 생활을 충실하게 하면서 얻을 수 있었던 교훈들도 적지 않았기 때문에 아쉬움이 남지는 않는다.

대한민국 국군의 작전개념에서 합동군의 중요성이 점차 부각되고 있는 현재 상황에서 각 사관학교끼리 교류하고 문화를 공유하면서 다양한 교류 인프라를 구축할 수 있는 순환교육은 해군의 제도를 개선하고 발전시키기 위한 노력 중 하나일 것이다.

명예시험과 휴가 문화

명예시험 : 명예와 신독의 가치

사관학교에서는 학과시험을 볼 때 명예시험이라는 제도를 통해 시험을 실시한다. 명예시험이란 생도들이 학과수업을 통해 공부한 내용을 확인하는 중간, 기말고사에서 감독관 없이 생도들의 양심을 믿고 시험을 치르는 제도다.

시험시간이 되면 생도들은 지정된 교실에 교반 별로 모이고 각 교반장은 교수님에게 시험지를 받아와 생도들에게 나누어 준다. 그리고 교반장이 미리 칠판에 적어놓은 '명예선서'를 하고 난 뒤에 자율적으로 시험을 치렀다. 시험을 다 본 생도는 알아서 시험지와 답안지를 제출하고 교실 앞 단상에 문제와 답안지를 정리하고 난 후에 생도사로 복귀하였으며, 하루 동안 시험과목에 대해 책임을 지는 교반장은 시험시간이 마무리되거나 모두가 제출한 뒤에 이를 모아 수를 확인하고 교수님에게 제출했다.

시험 중간에 시험과 관련된 질문을 받기 위해 교수님이 찾아오는 경우는 있었지만 시험은 철저하게 생도들의 자율적 책임에 맡긴 채 진행되었다.

명예선서는 생도들이 스스로 커닝을 하지 않고 개인이 공부한 만큼 시험을 보겠다는 다짐이자 동기들을 의심하지 않고 믿겠다는 다짐이었다. 사관학교 내에서 생도들은 가입교 생도시절부터 4학년 졸업할 때까지 군인으로서 스스로 도덕적인 행동을 할 수 있는 '신독'의 가치가 강조된다.

신독은 남을 속이지 않고 스스로의 양심과 도덕심에 비추어 올바른 행동을 할 수 있어야 한다는 개념이었다. 신독과 명예는 나라를 지키고 희생하는 군인에게 요구되는 중요한 덕목이며, 다른 사람들과 함께 살아가는 사회에서 도덕적이고 양심적으로 사는 것은 사회를 건전하게 순환시키고 발전시키는 긍정적인 원동력이 되기 때문에, 삶의 중요한 가치들을 생도들끼리 자율적으로 실천할 수 있었던 경험은 좋은 기회가 되었다.

명예선서
- 나는 대한민국 사관생도로서 신념과 긍지를 가지고 교훈을 받들어 내규를 준수하며, 양심과 지성에 따라 공명정대하게 행동할 것을 엄숙히 선서함.

사관학교의 명예제도

군인은 명예를 추구해야 하는 직업이다. 그리고 나라와 국민, 내가 사랑하는 가족을 지키기 위해 목숨을 담보로 하는 직업이기 때문에, 군인은 그 자체로 명예로운 직업이기도 하다.

사관학교에서는 명예의 가치를 강조하기 위해 생도 자치적으로 명예제도를 운영했다. 생도들은 해군사관학교 내 명예위원회를 구성하여 학교 내의 문제나 명예롭지 못한 상황을 자체적으로 신고하고 책임질 수 있도록 돕는 기구인 명예위원을 학년별로 구성했고 매주 월요일 학과 정렬 시 명예위원장 주관으로 명예의 제언을 생도들에게 낭독하는 등 명예심을 고취시키기 위한 다양한 노력을 했다.

군인으로서의 명예는 직업으로부터 발생하는 가치와 더불어 본인이 시간을 거쳐 쌓아 온 인성과 성품을 통해 발휘된다. 그래서 군인은 다른 사람들이 알아주지 않더라도 꾸준히 자신의 자리에서 성실하게 행동할 의무가 있으며, 바르고 건전한 삶을 살기 위해 노력하는 태도를 갖추기 위해 노력해야 한다.

신독

생도생활을 하다 보면 선배들로부터 지적을 받거나 의도와는 달리 오해를 사서 자수를 해야 하는 상황이 종종 생기곤 했었다. 이런 경우 신독과 명예를 지키게 되면 상황이 더 안 좋아지고 몸이 더 힘들어지는 경우가 많기 때문에 자수하지 않고 상황을 모면하는 생도들과 솔직하게 말하고 책임을 지는 생도, 두 부류로 나뉘곤 했다. 생도들끼리는 서로의 상황에 대해서 알기 때문에 누가 거짓말을 하고 안 하느냐에 대해 알고 있어 혼자만 혼나게 되면 자신만 책임을 진다는 상대적인 박탈감이 크게 느껴지고, 때로는 이러한 점이 훈련으로 인한 스트레스보다 더욱 크게 느껴지기도 했다.

하지만 결과적으로는 신독의 모습을 갖춘 동기들이 나중에는 동기들로부터 더욱 신뢰를 받게 되고 지적한 선배들도 후배가 어떤 사람인지 알게 되어 존중해 주는 상황으로 이어지게 되곤 했다.

나는 신독을 지키기 위해 항상 솔직하게 얘기하거나 자수를 해서 책임지는 편이었다. 물론 훈련과 얼차려로 힘들어서 그냥 넘어갔던 적도 있었다.

하지만 그렇게 상황을 모면하고 난 뒤에 받는 양심의 가책과 찜찜함이 나를 더욱 힘들게 만들었던 것 같다. 상황을 모면하는 처세술도 단기적인 관점과 장기적인 관점에서 더 나은 결과를 가져올 수 있는 선택지를 상황에 맞추어 선택하는 것이 진정한 처세술이라는 사실을 알게 되었다. 나는 찌질하게 살고 싶지 않았고 멋진 삶을 살아보고 싶어 해군사관학교에 지원했기 때문에 생도생활을 하면서 마음을 다잡고 장교가 되어서도 신독을 지키면서 살기 위해 노력했다.

이는 전역한 지금도 해당되는 사항이며, 앞으로의 내 삶에도 계속 적용될 것이다.

해군사관학교의 휴가

해군사관학교의 휴가는 짧은 편이다. 1학기를 마치고 난 뒤에는 학년별 군사실습과 하계 전투수영을 마친 후 여름휴가를 3주간 실시하며, 2학기를 마치고 난 뒤에는 동계 전투훈련을 실시한 뒤에 동계휴가를 4주간 실시했다.

일반대학교의 경우 3개월 정도 방학을 가지는 것에 비하면 사관학교의 휴가는 짧은 편이지만 제한된 환경으로부터 벗어나 마음 놓고 휴식을 취할 수 있다는 것 자체가 생도들에게는 힘이 되었다. 그리고 생도들에게 휴가는 군 생활에서 벗어나 사회에서의 생활을 겪어볼 수 있는 기회이기도 했다.

1학년 첫여름휴가 때는 부대 안에서 사회로 나온 것 자체가 좋아 친구들도 많이 만나고 여기저기 많이 놀러 다니곤 했던 것이 기억이 난다. 고등학교 시절에는 공부 때문에 마음 놓고 놀러 다니는 것이 부담스러울 수밖에 없었지만, 생도가 된 이후 휴가는 마음의 부담 없이 자유롭게 놀 수 있다는 사실 자체가 즐겁게 느껴졌다.

해군사관학교의 휴가도 시간이 지나며 점차 익숙해지면서 휴가의 의미인 자유도 조금씩 퇴색되었다. 가장 큰 이유는 학교생활이 점차 나아지면서 내가 느끼는 휴가와 학교생활의 차이가 조금씩 줄어들었기 때문인 것 같다.

처음에는 휴가를 나와 친구들과 함께 시간을 많이 보냈다면, 나중에는 여행을 하거나 영어학원을 다니고, 운동, 피아노를 배우는 등 새로운 경험을 하면서 시간을 보냈다. 일반적인 대학생활을 해보지 못했기 때문에 다양한 경험을 해보고 싶었다.

생도사 귀신

해군사관학교에서 고학년 생도들은 주말마다 외출 외박이 가능했으며 저학년 생도는 월 1회 외출 외박이 가능했다.

내 경우에는 학년이 올라가면서 외출과 외박을 나갈 수 있는 기회는 더욱 많아졌지만 그렇다고 더 많이 나가지는 않았다. 부대 밖으로 나가는 것이 귀찮을 때도 있었고 학년이 올라가면서 생활이 나아지다 보니 안에서 할 수 있는 것들도 많아져 외출이나 외박의 경우 일이 있는 것이 아니면 나가지 않아 학년에 상관없이 월 1~2회 정도 외박, 외출을 나갔던 것으로 기억한다.

외출이나 외박을 나가지 않고 학교에만 있는 생도들을 우리는 생도사 귀신이라고 불렀다. 생도사 귀신들에게 귀신이 된 이유를 들어보면 나가서 딱히 할 게 있는 것도 아니고 학교에서 잠을 자는 게 더 도움이 된다고 귀신들은 말하곤 했다. 그들의 전체적인 공통점은 여자 친구가 없다는 것이었다.

학교시설과 명예중대 경기

사관학교 시설 : 생도사, 통해관, 벽파회관

해군사관학교에는 목적에 따라 생도들이 활용할 수 있는 다양한 시설들이 있다. 해군사관학교는 학교 특성상 바다를 끼고 넓은 면적을 차지하고 있다 보니 생도들이 사용하는 숙소, 복지회관, 학과 건물, 도서관, 박물관, 체육시설, 수영장, 운동장 등의 건물들이 꽤 멀리 떨어져 있다는 특징이 있다.

셔틀버스가 없기 때문에 걸어서 각 건물들을 찾아다니다 보면 이동하는

데 꽤 많은 시간이 걸리기 마련인데, 이러한 특징들은 생도들의 건강과 체력을 다지는 데 큰 역할을 하기도 했다. 해군사관학교를 포함한 다른 사관학교들도 생활이 곧 운동일 것이다.

생도들이 자주 생활하는 시설 3대장이 있다. 생도들이 생활하고 머무는 생도사와 공부를 하는 통해관, 복지회관인 벽파회관이다. 먼저 생도들이 생활하는 생도사의 경우 중앙 복도를 기준으로 동편과 서편으로 구분된다. 건물의 중앙에는 층별로 생도대장실, 연대장실 등 지휘관이 생활하는 공간과 병영상담관 등이 근무할 수 있는 사무실이 있었으며, 동편과 서편에는 층마다 각 중대가 위치하고 있었다.

생도사는 6층 건물이었는데, 1층은 생도들이 사용할 수 있는 체육시설이나 이발실, 목욕탕, 창고 등과 같은 공용시설이 있고 생도 자치제를 이끌어가는 지휘관 생도들이 생활하는 공간으로 활용되었다.

2층에서 5층은 해군사관학교의 8개 중대가 생활하는 공간이었으며 6층은 식당이었다. 나는 6중대가 되고 난 이후 4층에 계속 살았는데, 밖으로 나가 집합이 있는 경우에는 2층에 사는 생도들이 부러웠고 밥을 먹으러 갈 때는 5층에 사는 생도들이 부러웠다.

생도들이 학과수업을 하는 통해관은 내가 2학년이 되던 해에 새로 지어졌다. 특히 통해관과 함께 생도들의 도서관 시설인 학술정보관도 함께 지어지면서 학습 여건이 훨씬 좋아졌는데, 통해관은 크기에 따라 대형, 중형, 소형 강의실로 구분이 되었고 수업 규모에 따라 수업 장소가 지정돼 이동하면서 수업을 들었다.

학술정보관의 경우, 1층에는 개인 학습공간이 있었고 2~3층은 책을 빌릴 수 있는 도서관 시설과 개방형 학습 공간이 있었다. 특히 팀 과제를 할 수 있는 모임공간도 있었는데, 이 공간은 생도들이 잘 사용하지 않아 강의가 빈 시간에 몰래 가서 자는 내 아지트 공간으로 활용했다. 더 좋아진 시설로 수업과 학습 여건은 더 좋아졌지만, 좋아진 환경 속에서 공부를 더 잘했느냐는 별개의 문제다.

생도들의 복지를 담당하고 있는 벽파회관은 생도사의 동편에 가깝게 위치하고 있다. 나는 생도사의 동편에서 생활했기 때문에 상대적으로 빨리 갈 수 있어 좋았지만, 학과 장소인 통해관은 서편에 더 가까웠기 때문에 딜레마가 있었다.

벽파회관에는 해군 PX인 편의점과 빵집, 치킨집, 당구장, 볼링장, 세탁소 등과 면회 장소가 있어 생도들이 자주 방문했다. 특히 주말이 되면 벽파회관은 생도들이 꼭 방문하는 필수 코스가 되었다. 벽파회관을 사랑하는 몇몇 동기들은 여유시간이 생기면 벽파회관에 간다고 나가서 돌아오지 않는 경우도 허다했던 버뮤다 삼각지대였다.

명예중대 선발

해군사관학교에서는 매년마다 명예중대를 선발한다. 사관학교에서는 생도연대의 8개 중대가 시험성적, 훈련실적, 국군도수체조, 군가 경연, 총력전, 명예구보, 축구경기, 수영시합 등 명예중대의 타이틀을 걸고 1년간 다양한 종목을 통해 경쟁을 벌이게 된다.

경쟁은 끝이 없다. 무한경쟁이 벌어지고 있는 한국 사회에서는 지나친 경쟁으로 인한 부작용이 있기도 하지만, 보통 선의의 경쟁과 자극은 더 나은 성취를 만드는 중요한 요소가 된다.

명예중대 임명식

　명예중대는 명예중대 깃발을 중대기로 사용하며, 각종 집합에서 가장 선봉에 서고 생도사 내에서 숙소로 사용하고 싶은 층과 방향을 선택할 수 있는 특혜가 있다. 또 중대별로 작업을 할 때 보통 먼저 시작하기 때문에 빨리 끝나게 되는 경우가 있었고 보급을 받을 때도 먼저 받을 수 있어 아주 조금 더 유리한 혜택이 있었던 것 같다.

　하지만 실제로 명예중대가 된다고 하더라도 숙소의 방향을 바꾸거나 층을 바꾸는 것은 매우 귀찮은 작업이 되기 때문에 명예중대로 선발된 중대들은 현재 사용하고 있는 층과 방향을 고수하는 경우가 많았다.

　각 중대는 명예중대라는 이름의 타이틀에 따른 차별화와 특혜로 인해 명예중대가 되기 위해 노력했다. 그리고 명예중대가 되기 위한 경기들은 중대끼리 경쟁을 하는 것이기 때문에, 각 중대의 구성원이 하나로 합쳐져 소속감을 느끼고 단결할 수 있는 매개체이자 촉매제의 역할을 했다. 명예중대 경기는 중대 총원이 관심을 가지고 있는 사안이었지만 각 중대에서 지휘 업무를 맡은 4학년들이 특히 관심이 많았다. 명예중대 선발 결과는 각 중대 4학년 생도들이 중대를 잘 지휘하고 관리했다는 하나의 성적표가 되었기 때문이다.

명예중대의 결과는 어느 한 학년만 잘한다고 해서 선발될 수 있는 것은 아니다. 상황에 따라 개인이, 학년이, 중대 총원이 잘해야 하기 때문에 경쟁이 시작되면 분위기는 한층 진지해지고 삼엄해지곤 했다. 그리고 이런 분위기는 주로 4학년 생도들에 의해 형성되었다.

가장 기억에 남는 총력전

명예중대 경기에는 다양한 종목이 있었지만 총력전이 가장 기억에 많이 남는다. 시험성적과 같이 일정한 평가 기준에 따라 점수를 매기고 간접적으로 경쟁하는 방식과 달리 총력전처럼 타 중대와 직접적으로 경쟁을 하는 종목의 경우에는 다른 중대를 직접 꺾어야만 더 높은 점수를 받을 수 있었기 때문에 중대 생도들에게 승부욕과 경쟁심을 더욱 불러일으켰다.

해군사관학교에서 총력전은 줄다리기를 의미한다. 총력전이라는 단어를 사관학교에서 처음 들었는데, 줄다리기라는 의미보다 모두가 힘을 합쳐서 싸운다는 의미를 더욱 강조하기 위해 붙여진 이름이 아닌가 싶다.

우리는 총력전에서 이기기 위해 힘을 모을 수 있는 전략을 짜고 중대원들과 함께 어떻게 줄을 잡고 자세를 잡아야 당기는 힘을 최대한으로 받을 수 있는지를 과학적으로 연구하고 연습하면서 준비를 했다. 여러 종목들 중에서

명예중대 경기 중 하나인 총력전

도 가장 경쟁이 심했던 총력전은 모든 중대가 몇 주 전부터 따로 시간을 내서 자세 연습을 할 정도로 열심이었다. 그렇게 준비했기 때문에 결과에 따라 중대의 분위기가 극적으로 좋아지거나 나빠지기도 했는데, 1등이 있으면 꼴찌가 있을 수밖에 없기 때문에 중대별로 분위기가 극명하게 나뉘었고 저학년 생도들은 선배들의 눈치를 살피느라 마음고생을 하곤 했다.

나는 생도생활을 하면서 명예중대를 총 2번 경험했다. 내가 1학년이 되던 해에 전년도 선배들이 명예중대를 만들어 놓아 어부지리로 명예중대를 경험했으며, 2학년이 되어 6중대로 편성이 된 이후 3학년이 되던 해에도 명예중대를 경험할 수 있었다. 막상 명예중대가 되었다고 해서 삶의 질이 크게 늘어나거나 생활이 달라지는 것은 없었지만 중대 총원이 명예중대라는 목표를 가지고 하나가 되어서 다 같이 노력했던 과정에 의의가 있었다.

모든 조직 내에서 조직원들의 소속감과 유대감은 조직의 성취와 발전에 매우 중요한 역할을 한다. 명예중대 경기를 통해 우리는 선후배 관계없이 함께 협력하고 협동하면서 끈끈한 전우애를 나눌 수 있었다.

사관학교 친선교류 : 우리는 모두 대한민국 사관생도다

친선교류 행사

해군사관학교에서는 매년마다 육군사관학교, 공군사관학교 동기들과 함께 친선교류 행사를 실시한다. 친선교류 활동은 서로 다른 사관학교의 동기들끼리 모여 함께 체육활동을 하고 영화를 보거나 만찬을 하는 등 자연스럽게 친해질 수 있는 일정으로 구성되어 있다.

우리 기수의 경우 1학년 때는 공군사관학교에 모였고 2학년 때는 육군사관학교에, 3학년은 해군사관학교에 모였다. 보통은 친선교류가 이루어지는 학교에서 주관한다. 같은 중대의 육해공군 생도들을 조로 나누어 편성해서 함께 다닐 수 있도록 하기 때문에, 자연스럽게 타군의 동기들과 가까워질 수 있는 기회를 가질 수 있었다. 각 군의 동기들과 함께 모여 서로 이야기를 나누고 함께 생활하다 보면 같은 사관생도임에도 서로 다른 문화와 환경 속에서 생활하고 있다는 것을 알게 되었는데, 타 학교에 대해서 알게 되면서 해군사관학교에 대해 자부심이 드는 경우도 있었고 반대로 다른 학교의 다양한 장점들에 부러운 감정이 들기도 했다.

멋진 육군사관학교 동기들

동기들과 이야기를 나누면서 타 사관학교에 대해 알게 되면서 느끼게 된 것들이 많다. 육군사관학교 동기들은 내게 멋있게 느껴지는 친구들이었다. 개인 차이는 당연히 있겠지만 대부분 육군사관학교 생도라는 자부심이 컸고 생도들 스스로 건전한 삶, 절제하는 삶을 살기 위해 노력하는 분위기가 형성되어 있었다. 그들이 자체적으로 신독을 지키기 위해 자제하고 노력하는 모습이 인상적으로 느껴졌다.

또 그들은 생활하면서 잘못된 제도가 있다면 바뀌는 것이 당연하다고 생각하고 이를 직접 바꾸기 위해 실천하고 노력하는 멋쟁이들이었다. 예를 들어 육사 동기들이 2학년이 되던 해에는 후배 지도가 금지되었으며, 작업도 1학년과 2학년이 함께 하는 것으로 제도가 바뀌었다. 2학년이 해야 하는 업무가 더욱 많아졌음에도 불구하고 1학년에게 업무가 지나치게 편중된 환경이 잘못된 것이라고 말하면서 불만을 가지지 않으려고 노력하는 모습을 볼 수 있었다. 그리고 대부분의 육사 동기들이 이런 공통적인 인식을 공유하고 있었기 때문에 육사 동기들의 이런 사고와 행동들이 학교는 달랐지만 같은 방향성을 지향하는 내게 더욱 감명 깊게 느껴졌을지도 모른다. 그래서 난 멋있는 육사 생도들에 대한 동경심을 가지게 되었다.

내가 육사 동기들에 대해 이런 동경심을 가지게 된 것은 당시 내가 생활하던 해군사관학교의 환경과 극명한 차이가 났기 때문이기도 하다. 육사는 후배 지도가 금지되었지만 해군사관학교는 선배들의 후배 지도가 더욱 활성화되고 있었다. 육사에서는 후배가 선배를 평가하는 제도가 있었기 때문에 선배들이 후배에게 함부로 할 수 없는 제도적인 장치가 마련이 되어 있었지만 반대로 해군사관학교는 선배가 후배를 평가하는 제도만 계속 존재했기 때문에 후배들을 보호할 수 있는 제도적인 장치가 없었다. 그래서 육군사관학교의 선진화를 위한 도전적 시도와 노력들이 나에게 더 크게 다가왔던 것 같다.

나는 생도생활을 하면서 사람을 이끈다는 것은 곧 그 사람의 마음을 움직이는 것이라는 사실을 알게 되었다. 누군가 어떤 행동을 나에게 요구했을 때 내가 그 행동을 하게 되는 요인은 나에게 행동을 요구한 사람에 대해 내가 어떤 마음을 가지고 있느냐가 매우 중요한 부분을 차지한다. 내가 좋아하고 존경하는 선배나 동기가 나에게 무언가를 부탁하면 도움을 주고 싶은 것처럼 나 또한 다른 사람을 이끌기 위해서는 그 사람의 마음을 움직일 수 있어야 한다는 것을 깨닫게 되었다.

이와 마찬가지로 사람의 행동을 바꾸기 위해서는 강제성을 부여하는 것보다 나라는 사람의 생각과 인성, 성품을 통해 마음을 움직이는 것이 장기적 관점에서 진정으로 나를 따르고 지속될 수 있다는 사실도 배울 수 있었다.

나는 생도생활을 하면서 엄청나게 많은 얼차려를 받았다. 얼차려는 행동 변화를 요구하는 대표적인 강제적 수단 중 하나였는데, 얼차려는 몸을 튼튼하게 만들어 주기도 하지만 그만큼 정신과 마음을 튼튼하게 만들지 못하는 경우도 많았다. 생도들이 가장 힘들어 하고 스트레스를 받았던 부분도 얼차려가 매우 큰 부분을 차지했기 때문이다. 사람의 행동을 변화시키기 위해 얼차려와 같은 강압적인 방식은 사람이 변화할 수 있는 계기를 마련해 줄 수 있고 실제로 이런 과정을 통해 정신력과 마음도 단단해질 수 있지만, 대개 일시적인 변화를 가져올 뿐 근본적인 마음의 변화를 이끌 수 없다. 실제로 강압적인 환경에서 벗어나면 다시 원래대로 돌아오는 상황도 많이 접할 수 있었다.

내가 따르고 싶은 사람들, 내 행동을 변화시킨 사람들처럼 내 생각과 마음, 인격과 성품으로 마음을 움직이는 사람이 되고 싶었다. 나는 그런 사람이 되기 위해 지금도 노력하고 있다.

외유내강 공군사관학교 동기들

나는 공군사관학교 동기들과 알게 되고 친해지면서 그들 특유의 부드러움과 유연함이 좋았다. 그들과 대화를 하면서 나는 그들의 여유와 자유로운 사고가 정말 멋지다는 생각을 했다. 선후배와의 관계에 있어서도 인사를 할 때 거수경례를 하는 대신 목례를 하는 것이 허용되거나 '요' 체를 쓰는 것이 자연스럽게 정착이 되어 있어 내 기준으로 지극히 상식적인 것들이 당연하게 이루어지는 문화를 가지고 있기 때문이었다.

외출이나 외박 문화도 내가 속한 해군사관학교보다 더 자유로웠으며 자주 나갈 수 있었는데 이런 부분이 부럽기도 했다. 사실 생활이 좀 더 여유가 있다고 해서 성과가 낮거나 군기가 약한 것도 아니며 오히려 이런 조직이 변화하는 시대 속에서 더욱 창의적이고 발전할 수 있기 때문이다.

또한 비행기 조종을 해야 하는 공사 동기들에게 신체적인 부분은 중요한 요소가 되었고 대부분 체력단련을 열심히 해서 몸이 좋았는데, 공군사관학교 동기들이 자기계발을 열심히 하는 모습도 멋있게 느껴졌었다.

사람은 본인과 비슷한 사람에게 매력을 느끼지만 반대로 본인이 부족한 부분을 갖춘 사람에게 매력을 느끼기도 한다. 타 사관학교의 동기들은 나와 매우 비슷한 사람들이면서도 다른 사람들이었다. 내가 육사, 공사 동기들의 모습을 보면서 멋있다고 생각했던 것처럼 그들도 해군사관학교 동기들을 보며 멋있다고 생각한 부분이 있기를 희망한다.

나는 삼 군 사관학교 친선교류 행사를 통해 많은 대화를 나누면서 상대방에 대해서 알고 나 자신의 상황과 비교해보며 서로에 대해 더 많이 공감하고 이해하며 사고의 폭을 성장시킬 수 있었다. 그리고 그런 친선교류 행사와 1학년 순환교육제도를 통해서 지금은 모든 사관학교가 전체적으로 비슷한 흐름으로 맞춰가면서 변화하고 더 발전하고 있다는 생각이 든다.

한 가지 아쉬운 점이 있다면 국군간호사관학교 동기들과는 교류가 없었다는 점인데, 아마 남자가 대부분인 사관학교와 여자가 대부분인 국군간호사관학교 간에도 교류가 있었다면 엄청나게 많은 일들이 일어났을 것 같다.

국군간호사관학교 생도와의 소개팅

참고로 해군사관학교에서는 거의 모든 생도가 국군 간호사관학교 생도와 한 번씩은 소개팅을 한다. 건너건너 소개팅을 하게 되기도 하고 국군의 날 행사와 같이 모든 사관학교 생도들이 모이는 행사에서 성사되곤 했다.

특징이라면 기회는 한 번뿐이라는 점이다. 간호사관학교 여생도와의 소개팅은 해군사관학교 생도들에게 첫 기회이자 마지막 기회가 된다. 해군사관학교 생도가 간호사관학교 생도와 소개팅을 하면 대화, 만남, 인성과 같은 소문이 간호사관학교 전체에 공유되기 때문에 다른 여생도를 만날 두 번째 기회는 없다는 얘기가 있었다. 나 또한 소개를 한 번 받았지만 잘 되진 않았고 역시 그 이후로는 다시 기회가 없었다.

해군사관학교의 군사실습과 훈련

전투수영 : 해군에게 물은 산소와 같다

'바다의 군' 해군

해군은 말 그대로 '바다의 군'이다. 해군은 국가를 구성하는 국토와 영해, 영공이라는 요소에서 영해를 담당하며, 영해를 지키기 위해 바다 위에서 화력을 투사할 수 있는 함정과 잠수함, 항공기를 보유하고 바다 위에서 이루어지는 작전을 담당한다. 그래서 바다는 해군에게 지켜야 하는 자산이자, 삶에서 오랜 시간을 함께 하는 삶의 터전이 된다.

바다에서 살아가는 해군에게는 최소한의 수영 능력이 요구된다. 사실 대부분의 해군 장병들은 육상 또는 함정 위에서 생활하기 때문에 수영을 할 일이 많지는 않다. 하지만 군인이라는 특성상 언제 어떤 상황이 생길지 모르고 목숨을 담보하는 문제이므로 만약의 상황에서 생명을 지키기 위한 수영 실력을 갖추는 것은 필수다. 그래서 해군에서는 바다에서 살아남기 위한 전투수영 훈련과 함정이 파손되는 상황에서 탈출하는 방법을 연습하는 비상이함훈련 등 바다에서의 생존을 위한 훈련과 교육을 정기적으로 실시하고 있다.

전투수영 훈련

해군사관학교를 대표하는 가장 대표적인 훈련 중의 하나는 전투수영 훈련이다. 전투수영 훈련은 해군사관학교 모든 생도들이 약 2~3주의 수영연습 및 체력단련 기간을 거친 후 줄을 맞추어 5킬로미터 정도 거리의 섬을 수영으로 돌아오는 훈련이다.

연습시간이 길어서 그런지 막상 당일이 되어 섬을 돌아오는 수영 훈련은 그렇게 힘들지 않았다. 오히려 2~3주간의 연습기간이 더 힘들게 느껴지곤 했다. 아침에 일어나서 하루 일과가 끝나는 시간까지 식사시간을 제외하고는 체력단련과 수영만 했기 때문이다. 하루 종일 운동을 하는 만큼 살도 많이 빠지고 건강해졌지만 직사광선에 하루 종일 노출되어 있다 보니 피부가 많이 탄다는 문제점도 있었다. 피부가 약한 친구들은 피부가 벗겨졌고 나는 피부가 잘 타는 편이라 새까맣게 타곤 했다. 그래서 전투수영 기간이 되면 선크림은 모든 생도들이 필수적으로 갖춰야 할 필수 아이템이 되었다. 생도들은 연습을 시작하기 전에 수영복을 입지 않은 모든 부분에 바르고 직사광선에 노출되는 것을 최대한 막기 위해 노력했다.

생도들이 이렇게 직사광선과의 전쟁을 벌이는 이유는 피부 탓도 있지만 전투수영이 여름휴가를 나가기 직전 실시하는 훈련이라 검게 타는 것에 민감했기 때문이기도 하다.

하지만 선크림을 바르고 아무리 관리를 하더라도 몸에 수영복 자국이 나는 것을 피할 수는 없었고 여름휴가를 나가게 되면 마치 몸이 구워진 것처럼 탄 자국과 타지 않은 자국이 극심하게 차이가 나곤 했다.

전투수영을 하는 생도들

전투수영의 장애물

바다에서 수영을 하다 보면 가장 큰 장애물은 해파리와 짠 바닷물이다. 여름이 되면 수온이 높아져 해파리가 더욱 늘어나는데, 일반적인 흰색 해파리는 독성이 없어 문제가 없지만 독성이 있는 빨간 해파리가 출몰하게 되면 이를 피하는 것이 가장 신경 쓰이는 부분 중 하나였다. 실제로 한번은 수영을 하다가 해파리가 팔을 스쳤는데, 스친 곳의 팔이 부어올라서 곤욕을 치른 적도 있었다.

생도들끼리 줄을 맞춰서 수영을 하다가 빨간 해파리가 보이면 이를 기준으로 생도들이 반으로 갈라지는 빨간 해파리의 기적이 일어나는 경우도 종종 있었다. 수영을 할 때는 생도들끼리 짝을 짓고 줄을 맞추어서 연습을 했기 때문에 앞에서 수영하는 선후배, 동기들이 빨간 해파리를 보면 신호를 해주기도 하면서 큰 사고 없이 훈련을 마무리할 수 있었다.

바다에서 수영을 하면 수영장보다 바닷물의 비중이 더 크다 보니 수영장에 수영하는 것보다 훨씬 물에 잘 뜨게 되어 수영을 편하게 할 수 있다는 장점이 있다. 하지만 수영을 하면서 물을 머금게 되면, 소금물로 인해 짠맛이 항상 입안에 맴돌게 되어 갈증이 생기는 부분이 전투수영의 또 다른 장애물이었다. 그래서 나는 웬만하면 머리를 물속에 넣지 않고 헤엄을 치는 습관이 생기게 되었다.

일단 해군사관학교 생도가 되면 수영 실력은 자연스럽게 향상된다. 나는 수영을 하지 못하는 상태로 입학했지만 1학년 시절 체육부인 수영반에서 수영을 배워야 했고, 비상 이함 훈련과 전투수영 등 물에서 이루어지는 훈련들이 지속되다 보니 이런 과정을 통해서 자연스럽게 수영을 반복적으로 접하고 배울 수 있게 되었다. 또 수영 실력에 따라 조를 편성하여 수준별, 단계별로 연습 및 훈련을 하고 전투수영을 하면서 체력을 적게 소모하는 '평형'과 '입영' 위주로 수영을 배우기 때문에 효율적으로 수영을 배울 수 있었던 것 같다. 해군사관학교 생도들에게 수영은 항상 가까이 있으며, 결과적으로 모두가 할 수 있게 되는 종목이었다.

하계 군사실습

해군사관학교의 생도들은 1학기가 끝나게 되면 하계 군사실습을 실시한다. 대학교와 군대의 특징을 모두 가지고 있는 사관학교 내에서 군사실습은 사관학교에서 군대의 특징을 잘 보여 주는 주요 훈련 중 하나다.

하계 군사실습은 학년에 따라 다르게 진행된다. 1학년은 해병대 교육훈련단이 있는 포항에서 실시하는 해병대 실습을 하고, 2학년은 해군특수전전단에서 이루어지는 UDT 실습, 해난구조대, SSU 교관들과 함께하는 스킨스쿠버 실습, 100킬로미터 행군을 한다. 3학년은 국내 연안을 항해하면서 해군을 포함한 타군 부대, 섬, 군 유관기관을 방문하여 군에 대한 이해도를 높이는 연안훈련, 4학년은 세계를 일주하며 견문을 넓히고 항해를 실습하는 순항훈련을 하게 된다. 1~3학년들의 실습기간은 대개 한 달 정도이지만, 4학년의 순항훈련은 매번 항해 코스에 따라 3~5개월의 기간 동안 이루어졌다.

각 학년마다 이루어지는 실습은 생도들에게 많은 추억과 경험을 남겨주었다. 마치 가입교 훈련과 같이 처음 보는 장소에서 익숙하지 않은 식사를 하고, 익숙하지 않은 공간에서 잠을 자면서 훈련을 했기 때문이다. 학년별로 해군 내의 다양한 부대를 돌아다니며 학년별로 조금이나마 실무를 경험할 수 있었던 실습은 앞으로 장교로 임관할 생도들에게 조금이나마 진로를 결정할 수 있는 정보를 제공해 주기도 했다.

해군사관학교 생도들은 임관하면서 해군과 해병대, 항공으로 나누어지기 때문에 해병대와 해군의 특수부대, 함정을 미리 경험해보며 다양한 부대를 방문하여 어떤 업무를 하는지 배운다. 이와 같은 실습은 생도들의 진로 결정에 큰 영향을 미치기도 했다.

1학년 군사실습 : 해병대

1학년은 해병대 교육훈련단이 있는 포항에서 해병대 실습을 실시한다. 해병대 실습은 수색훈련, 행군, 유격훈련, 레펠훈련, 공수훈련, 각개전투, 상륙훈련, 목봉체조, 독도법 훈련 등 실제 해병대의 역할과 임무에 부합하는 훈련을 실시했다.

생도들은 학교 주변에 바다와 섬, 산이 있어 파란색과 초록색이 익숙했다. 하지만 해병대 실습을 하게 되면서 주변의 흙과 해병대의 상징인 황토색과 빨간색을 더 자주 보게 되었다. 해병대 실습은 빨간색의 영향인지 평소보다 조금 더 흥분되고 격앙된 분위기 속에서 훈련이 진행되었다. 해병대 실습은 우리 기수가 입학하고 난 뒤에 동기들끼리만 있는 첫 번째 기회였기 때문에 선배들에 대한 눈치를 보지 않고 생활할 수 있어 더욱 즐거운 마음으로 실습에 임할 수 있었다.

해병대는 국가 전략기동부대로서 해상에서 육상으로 전력을 전개할 수 있는 전력이다. 대한민국 국군이 더욱 입체적인 작전을 펼칠 수 있도록 하는 전략부대로서 현재 우리나라에서는 해군 예하로 편성되어 있다.

임무 특성상 해병대 인원들은 바다와 육상을 아우르는 작전 개념을 익히고 훈련을 하게 된다. 그러다 보니 해병대는 군기가 강하고 강도 높은 훈련을 하는 것으로 유명하다. 한국전쟁 당시 낙동강까지 밀린 저항선을 38선 이북으로 전진할 수 있는 계기를 만들었던 '인천상륙작전' 또한 해상에서 육상으로 전력을 투사하는 작전이었다는 점에서 해병대가 국군에서 할 수 있는 역할이 크고 중요하다는 것을 알 수 있다.

해병대는 뭔가 폼이 난다. 전투복도 일반 전투복과 다른 무늬와 색깔을 지니고 있으며 전투화나 모자 또한 다르게 생겼다. 이런 차별화되는 점들이 해병들의 자부심과 자긍심을 더욱 부추기는 요소가 되는 것 같다.

나는 해병 생활은 해보지 못했다. 하지만 사회에서 해병전우회가 지속해서 유지되고 이어져 오는 것을 보면 그들의 유대감과 소속감이 상당한 것으로 보인다. 해병전우회의 할아버지들을 보면 교통을 정리해 주시는 등 좋은 활동을 많이 하는 모습을 확인할 수 있는데, 자신이 속했던 조직에 대해서 그만큼 애착을 가지고 소속감을 느낄 수 있다는 것은 요즘 시대에 멋있게 느껴지기도 한다.

아침점호

포항훈련소에서는 매일 아침점호 시간이 되면 달리기와 체력단련을 실시했다. 매일 아침 뛰는 것은 일상이었지만 바다 냄새를 맡으며 뛰는 것과 흙 냄새를 맡으며 뛰는 것에는 차이가 있었던 것 같다.

해군사관학교에서는 해군과 해병대의 군가를 모두 배우는데, 아침점호를 하면서 뛰게 되면 우리들은 해병대에 온 만큼 해병대 군가를 부르며 그 분위기를 만끽했다. 그리고 부대 안을 뛰는 과정에서 내가 잘 모르는 해병대의 다양한 부대와 부서, 무장을 보면서 부대 안을 관광할 수 있었고, 보는 맛이 있어 더욱 즐겁게 뛸 수 있었다.

기억에 남는 훈련

생도들은 해병대 실습을 하면서 훈련을 위해 부대를 나가는 상황이 생기면 행군을 통해 훈련장소로 이동하곤 했나. 해병대에서 많은 훈련을 했지만 그중 가장 기억에 남았던 훈련을 떠올려 보면 각개전투 훈련이 있었다.

각개전투 훈련은 야전의 장애물 속에서 앞으로 나아가면서 개별적으로 조를 짜서 전투를 하는 훈련인데, 특히 이 날이 기억에 남았던 이유는 비가 왔기 때문에 온몸이 젖은 상태에서 찝찝하게 훈련을 했었고, 야외에서 텐트를

헬기레펠, 암벽레펠. 웬만한 놀이기구 이상으로 짜릿하다.

치고 잠들었으며, 저녁에 직접 불을 피우고 쌀을 받아 지어먹었던 맛있는 밥이 연속해서 기억에 남기 때문이다.

그리고 다른 중대의 동기들과 같은 조로 편성이 되어 훈련을 하면서 친해질 수 있었던 계기가 되었던 것도 좋았다. 그래서 당시에는 열악한 환경 속에서 힘들었지만 이 훈련이 해병대 실습을 끝냈을 때 가장 보람찼던 훈련으로 기억에 남는다.

다음으로는 유격훈련이 있었다. 유격훈련은 상황에 따라 기습적으로 공격을 하기 위한 훈련으로 게릴라전에 필요한 훈련이라고 생각하면 쉽다. 그래서 국토의 대부분을 차지하는 산악지역에서 훈련이 이루어지는데, 생도들은 PT체조를 기본으로 장애물 훈련, 산악행군, 레펠훈련 등의 다양한 훈련을 실시했다.

이 중에서 인상 깊었던 것은 암벽, 헬기레펠인데 암벽과 헬기에서 외줄을 타고 지상으로 강하하는 것을 연습하는 훈련이었다. 헬기레펠의 경우 실제 헬기가 아닌 연습장에서 이루어졌지만 사람이 조그맣게 보이는 높은 위치에서 바닥을 마주 보고 내려오는 경험은 짜릿했다.

상륙훈련도 기억에 남는다. 생도들은 해안가에서 실제 상륙작전이 어떻게 이루어지는지를 체험하기 위해 완전군장을 매고 상륙돌격장갑차인 KAAV를 타고 바다에서 해안가로 상륙해 목표 지점까지 달리는 훈련을 실시했다. 체험판 정도의 느낌이었지만 해병대의 대표 전력인 KAAV를 타볼 수 있는 기회가 있어 행운이었다.

약 1개월 간의 실습기간을 통해 해병대에서 실시하는 다양한 훈련들을 하면서 해병대의 모든 것들을 다 경험했다고 생각하지는 않지만, 분명 이 실습을 통해 해병대에 대한 나의 이해도는 더욱 높아졌으며, 같은 해군으로서 해병대의 중요성과 존경심을 가질 수 있었던 계기가 되었다고 할 수 있었다.

해병대에서 느낀 '공유경제'

하계 군사실습을 하는 시기는 가장 더운 한여름 중이었기 때문에 훈련을 하다 보면 땀을 많이 흘리기 마련이다. 그러다 보니 빨래도 자주 하게 되는데, 이 과정에서 우리 동기들은 자기 물건에 이름을 적어놓는 것에 대한 중요성을 철저히 깨닫게 되었다. 체육복과 전투복, 속옷을 빨아 건조대에 널어놓으면 항상 분실되는 상황이 발생했다. 정확한 이유는 모르겠지만 체육복을 분실하거나 속옷을 적게 준비한 사람으로부터 시작되었던 것 같다.

자신의 옷이 사라지자 옷이 부족해진 생도들은 다른 사람의 옷을 다시 가져오는 제로섬 게임이 시작되는데, 나 또한 체육복을 잃어버리고 난 뒤에 참전하게 되었다. 처음에 체육복이 하나 사라지고 악순환을 끊어보고자 지켜봤지만 나머지 체육복이 사라지고 난 이후에는 생존을 위해 어쩔 수 없는 선택이 될 수밖에 없었다.

이런 상황이 만연해지자 모든 생도들은 자신의 옷과 속옷에 이름을 엄청나게 크게 적어 놓는 문화가 생기게 되었다. 이름이 크게 적혀 있으면 함부로 옷을 가져갈 수 없을 뿐더러 상식적인 사람이라면 옷을 입고 다니는 것도 눈치가 보이기 때문에 이름을 적어 놓는 것은 도난을 예방할 수 있는 효율적인 방법이었기 때문이다.

하지만 걸어 다니는 동기들을 보면 종종 다른 사람의 이름이 크게 적힌 옷을 입고 다니는 모습이 포착되곤 했는데, 이러한 모습과 도난과 관련된 사건들은 생도들 사이에서 재밌는 이야깃거리이자 스트레스의 원인이 되기도 했었다. 해병대 실습을 통해서 생도들은 진정한 공유경제를 경험할 수 있었던 셈이다.

훈련 중 내리는 단비, '면회'

해병대 실습기간 중 주말이 되면 부대의 면회실은 항상 시끌벅적했다. 나를 포함한 다른 동기들의 가족들과 친구들, 여자 친구가 면회를 오기 때문이다. 나도 생도생활을 하면서 가족이 면회를 몇 번 면회를 오긴 했지만 해병대 부대에서 면회를 했던 것은 처음이었기에 가족들과 함께 해병대 부대를 한 바퀴 돌면서 설명해 주었던 기억이 난다. 그리고 면회가 없는 동기들을 불러 함께 시간을 보내며 피자와 치킨을 먹기도 했다.

함께 시간을 보내는 나와 동기들의 모습을 면회에 오셨던 아버지가 사진으로 찍어 주셨는데, 아버지는 이 사진들을 모아 앨범으로 만들어주셨고 앨범을 여러 개 만들어 동기들에게 선물했었다.

해병대에서 얻을 수 있었던 즐거운 추억들이 많았다. 그 즐거움의 바탕은 동기들과 함께 할 수 있었던 시간이었으며, 더운 날 훈련의 연속된 과정에서 가족의 면회는 고된 생활에서 마치 단비와 같이 내가 잠시 쉬어갈 수 있는 포근함과 시원함을 선물해 주었다.

2학년 군사실습 : 100킬로미터 행군과 UDT훈련

2학년의 하계 군사실습은 여러 종류의 훈련으로 구성된다. 우리 기수의 경우 100킬로미터 행군과 해군 특수부대인 해난구조대, 즉 SSU 부대에서의 스킨스쿠버 훈련, 그리고 특수전전단인 UDT 실습을 했다.

각 훈련은 1~2주 정도로 총 1개월 정도의 기간으로 편성되었다. 그리고 훈련을 받는 특수부대가 진해에 있었기에 2학년 생도들은 다른 장소로 짐

을 싸서 이동하는 다른 학년과 달리 생도기숙사에서 생활하며 훈련을 받을
수 있었다.

행군훈련

100킬로미터 행군

말 그대로 완전군장을 메고 100킬로미터를 행군하는 훈련이다. 생도들
은 군장에 생존과 훈련에 필요한 침낭과 야전텐트, 수통과 전투식량, 야전
삽과 반합, 방독면과 대검, 개인용품 등을 가득 담아 버스를 타고 통영으로
이동했다.

통영에서 내린 생도들은 본격적으로 행군을 시작했고 논길과 밭길, 산길
과 언덕, 시내가 번갈아 나오는 길을 지나 앞으로 꾸준히 전진했다. 그렇게
걷다 보면 우리들은 어느새 그날 목적지에 도착해 있었고 우리는 그 장소에
서 텐트를 치고 숙영을 했다.

행군은 걷는 것 그 자체가 엄청나게 힘든 훈련이라기보다 피곤하고 물집이 잡히고 무거운 장구로 어깨가 짓눌리는 상황에서 계속 걸어야 하는 지구력과 정신력이 요구되는 훈련이다. 약 30~40킬로그램의 무게를 어깨에 메고 걷기 때문에 생도들은 어깨 부분에 패드나 양말, 휴지 등을 이용해서 어깨에 직접적으로 걸리는 부하를 분산시키고 발에는 물집이 잡히는 것을 방지하기 위해 테이프를 붙이거나 군화 아래에 깔창을 까는 등 조금이라도 행군의 힘든 요소들을 완화시키기 위해 노력했다. 해군사관학교 생도들은 정기적으로 행군을 했기 때문에 대부분 행군 시 자신의 취약점을 알고 있었고 각자 행군을 하는 요령을 가지고 있었다.

멀리 가려면 함께 가라

내가 정말 다행이라고 생각했던 부분은 나는 발에 물집이 잘 안 잡히는 걷기 습관을 가지고 있어 행군을 할 때 가장 치명적인 물집의 영향력으로부터 벗어나 있었다는 점이다.

물집이 잘 잡히거나 평발인 동기들은 오래 걷게 되면 너무 힘들어 했다. 그럴 때면 옆에서 지켜보고 있는 것만으로도 빙의가 되어서 같이 힘들어지곤 했지만 그렇게 힘들어 하면서도 끝까지 걷는 동기들을 보면 존경스러웠다. 동기들과 함께 행군을 했기 때문에 목이 마르고 몸이 힘든 상황에서 짜증을 내는 동기들도 있었지만 반대로 동기들과 함께 했기에 서로 격려하고 다독여주면서 끝까지 해낼 수 있었다는 생각도 든다. 빨리 가려면 혼자 가는 것이 낫지만 멀리 가려면 같이 가야 한다고 했다.

정기적으로 행군을 함에도 불구하고 2학년 실습의 행군이 차별화되는 점이 있었다. 보통의 행군은 진해 근처에서 이루어졌지만 2학년 실습은 통영에서 남해까지 이어지는 타지에서의 행군이었다는 점, 야간에는 근처의 초등학교 운동장에서 숙영을 했다는 점이다. 마침 초등학생들이 방학 중이었기 때문에 사관학교에서 협조를 했던 것으로 보인다. 그래서 우리는 아침에 다시 출발하기 위해 텐트를 걷고 뒷정리를 할 때면 운동장 바닥에 파인 구멍들과 쓰레기들을 정리하는 데 더욱 신경을 썼다.

특히 둘째 날에는 비가 많이 왔는데 우비를 덮어쓰고 산을 올랐던 경험과 비로 인해 학교 운동장에 물이 고여 텐트를 치기 어려운 상황이라 초등학교 교실과 복도에서 그냥 잠들었던 것도 기억이 난다.

그렇게 며칠을 걸었던 행군을 마치고 남해에서 사관학교가 있는 진해로 버스를 타고 돌아오는데, 2~3시간 만에 사관학교에 도착했을 때는 좀 충격을 받았다. 졸면서 왔기 때문에 더 빨리 도착한 것처럼 느껴졌을지도 모르겠지만 현대문명의 발전에 무릎을 탁 치게 되는 순간이었다. 우리는 과학이 선물해 준 문명의 이기를 누리면서 행복한 시대에 살고 있다.

스킨스쿠버 훈련

스킨스쿠버 훈련은 천안함 피격사건으로 인해 그 역할이 부각되었던 해군 해난구조대, SSU에서 약 2주간 실시했다.

해난구조대는 선체 인양, 항공구조작전 등 바다에서 비상사태가 발생했을 때 인명을 구조하는 역할을 띤 해군의 특수부대다. 해난구조대의 인원은 바다 속 전문가들로 구성되어 있었고 나는 그 전문가들로부터 수영을 비롯한 스킨스쿠버 훈련을 배울 기회를 얻게 되었다.

해군사관학교 생도들은 이 기간 동안 체력단련과 수영 연습을 기본으로 공기통을 매고 물속에서 숨을 쉬는 방법, 부력을 유지해서 일정한 심도를 유지하는 방법, 물속에서 움직이는 법, 공기통을 다 썼을 경우 동료와 함께 공기를 공유하는 방법, 돌발 상황이 발생했을 때의 대처법 등 스킨스쿠버와 관련된 다양한 지식과 기술들을 배운다.

마지막 날에는 바다로 나가서 직접 스킨스쿠버를 해보기도 했고 훈련을 마치고 난 뒤 평가를 통과한 뒤에는 스킨스쿠버 자격증도 딸 수 있었다. 보람과 자부심으로 가득 찼던 해군사관학교의 많은 훈련들 사이에서 가장 실용적이었던 훈련으로 기억에 남는다.

UDT 훈련

해군사관학교 생도들은 행군과 스킨스쿠버 훈련을 마치고 나면 해군 특수부대인 UDT 부대에서 무박 3일간 훈련을 받게 된다. 아덴만 여명작전으로 유명해진 해군의 UDT 부대는 수중에서의 폭발물 파괴, 특수작전 등의 다양한 특수임무를 수행하는데, 대한민국 국군 특수부대 중 가장 선진화되어 있다고 평가받는 부대이기도 하다.

생도들은 UDT 부대에서 잠을 자지 않고 3일간 훈련을 받는다. 생도들은 보트를 머리에 이고 행군을 하고 바다에서 노를 저으면서 해가 뜨는 모습을 직접 보기도 했으며, 갯벌에서 유격체조를 하며 목봉체조를 하거나 바다에서 수영을 하기도 했다. 무박 훈련이었기 때문에 생도들이 잠들지 않게 하기 위해서 계속 몸을 움직일 수 있도록 훈련 일정이 구성되었다.

실제로 훈련을 하면서 가장 힘들었던 점은 잠을 잘 수 없다는 부분이었다. 이틀간 잠을 자지 않은 것은 태어나서 처음이기도 했고 훈련을 하면서도 잠이 미친 듯이 쏟아졌다. 그래서 신체 리듬상 잠을 자던 새벽이 되면 어떤 훈련을 하든지 반은 자고 있는 상태로 훈련을 받았던 것 같다.

생도들이 졸면 교관들이 계속 흔들면서 깨웠는데 내가 훈련을 받으면서 알게 된 신기한 점은 사람은 움직이면서 잘 수 있다는 사실이다. 보트를 머리에 이고 행군을 하다가 도로에서 눈을 감았는데 눈을 떠보니 산 정상에 올라와 있거나 휴식장소에서 쉬고 있는 나를 발견하곤 했다.

사람의 신체는 참 신기하고 강인하며 어떤 상황에서든 반드시 살아남을 수 있다는 것을 알게 되었다. 그리고 졸면서 훈련의 일부분을 넘겼기 때문에 훈련을 더 잘 마칠 수 있었던 것이 아닌가 생각도 들어 잠의 중요성을 다시 한 번 깨닫게 되는 계기가 되었다.

UDT 훈련

UDT 실습은 3일 동안 보트와 함께 이루어졌다. 훈련장소로 이동할 때면 보트를 머리에 이고 행군을 하거나 노를 저어 바다로 이동하기도 했고 보트를 머리에 인 상태에서 또는 바다 위에서 밥을 먹기도 하는 등 보트가 눈앞에서 사라진 적이 없었다.

새벽에 바다 위에서 노를 저어 훈련장소로 이동하던 도중 뒤에 있던 동기가 잠이 들어 바다로 빠져 잠에서 깼던 모습이 기억이 나고 노를 저으면서 바라봤던 일출의 광경도 잊히지 않는다.

UDT 실습은 여러 가지로 추억이 많이 남은 훈련이었는데, 그렇게 무박 3일간의 UDT 실습을 마치고 난 뒤에 생도사로 복귀했을 때 물에 몸이 불어 온몸이 쭈글쭈글해진 상태로 샤워를 했던 것이 기억이 난다. 나는 훈련을 마쳤다는 보람과 함께 바로 침대에 곯아떨어졌고 그때의 잠은 표현하기 힘들 정도로 달콤했다.

UDT 실습은 그 어떤 훈련들보다도 성취감이 무르익었던 훈련이었으며, 우리나라 특수부대의 대단함을 몸소 체험하고 느낄 수 있는 기회가 되었다.

3학년 연안실습 : 실무를 경험하다

3학년 생도들은 하계 군사실습으로 약 1개월 간 연안실습을 실시한다. 연안실습은 생도들이 실제 해군 함정을 타고 대한민국의 연안에 있는 해군 각 부대와 군과 관련된 기관들을 방문하면서 각 부대의 역할과 능력에 대해서 배우고 경험을 쌓는 훈련이다. 또 생도들에게는 처음으로 함정을 타고 직접 항해를 해볼 수 있는 기회이기 때문에 함정생활과 항해에 대해서 배울 수 있는 실습이기도 하다.

생도들은 진해 외에 다른 해군 부대에 가볼 기회가 거의 없었기 때문에 실제 우리나라 해군의 다른 부대를 경험하면서 그 분위기를 직접 느껴볼 수 있어 좋은 기회가 되었다.

우리는 연안실습을 출발하기 위해 설레고 부푼 마음으로 약 1개월 동안 이

연안항해 실습 중인 생도들

루어지는 실습에 필요한 준비물을 싸서 함정에 탔다. 우리가 탔던 배는 상륙함인 고준봉함과 기뢰부설함인 원산함이었다.

고준봉함은 상륙작전을 지원하기 위해 인원과 무장을 탑재할 수 있도록 고안된 함정이며 원산함은 유사시 바다의 지뢰인 기뢰를 부설하는 임무를 수행하는 함정이다. 생도들은 이 두 함정에 나누어 탔다. 상륙함인 고준봉함은 이름에 걸맞게 탑재 가능 인원이 많아 인원을 수용하는 데 문제가 없었지만 원산함은 많지 않아 2개의 소대씩 돌아가면서 탑승하며 항해를 했다.

생도들은 함정을 타고 항해하면서 함정의 기능과 작전개념, 함 내 구조와 기관, 무장에 대해 배운다. 그리고 단순히 이론을 배우는 것뿐만이 아니라 실제로 함 내를 돌아다니며 실습을 했기 때문에 당직도 서보고 함정의 무장, 기관과 관련된 장비들을 직접 다뤄보면서 해군과 함정에 대한 이해도를 더욱 높일 수 있었다.

해군부대 방문

생도들은 연안실습을 하면서 전국을 누비게 된다. 우리는 바다의 최전방인 NLL을 기준으로 북한과 마주 보는 동해의 1함대 사령부와 서해의 2함대 사령부, 항만 방호 및 해상교통로를 보호하는 남해의 3함대 사령부를 방문했다.

생도들은 각 함대에 정박을 하게 되면 아침점호를 할 때 부대 안을 뛰면서 함대의 건물들과 함대 구조를 볼 수 있었는데, 확실히 부대별로 역할과 특징이 다르기 때문인지 나는 함대별로 분위기가 조금씩 다르다고 느꼈다.

우리 동기들은 각 함대마다 예하부대를 통제하는 사령부의 지휘통제실에 방문해 전장 환경과 함대의 역할에 대해서 교육을 듣고 임무를 수행하는 모습을 지켜볼 기회를 가질 수 있었다. 처음 방문해보는 지휘통제실에서 선배들과 전우들이 우리나라 해역에 있는 군함과 상선, 어선, 항공기의 정보를 확인하고 지휘 통제하는 모습을 지켜보면서 열심히 일하는 그들의 전문적인 모습에 나는 그만 취해버리고 말았다. 아마 전문성을 갖추기 위해 계속 공부하고 그들끼리 팀워크를 맞추는 꾸준한 노력이 있었을 것이다.

타군 부대, 유관기관 방문

생도들은 해군 부대 외에도 발안에 위치한 해병대 사령부나 육군, 공군부대도 방문했다. 처음 가보는 타군의 부대에서 새로운 작전개념에 대해서 배우고 처음 보는 장비들을 직접 보고 설명을 들으면서 군에 대해서 내가 알지 못하는 부분이 너무나도 많다는 것을 느낄 수 있었다.

해군에 대해서도 완전히 알지 못하는 내가 타군에 대해서 더 모르는 것은 당연했지만 국군의 역할과 임무가 엄청나게 다양하다는 것을 실감한순간이었다. 난 다양한 분야에서 자신의 업무를 묵묵히 수행하고 있는 군인들이 톱니바퀴처럼 맞물려 대한민국의 국군이 하나가 되어 운영될 수 있는 것이라는 것을 알 수 있었다.

지금도 우리가 모르는 곳에서 많은 군인들이 묵묵히 나라를 지키기 위해 노력하고 있다. 생도들은 우리나라의 군수산업체에도 방문하여 현재 우리나라의 첨단 무장들과 미래의 무기체계에 대해서도 들을 수 있는 기회가 있었는데, 우리나라의 국방력이 크게 발전했다는 사실을 느낄 수 있었고 미래에 더 발전할 대한민국 군을 기대하게 만드는 시간이 되었다.

한라산 정복

우리는 연안실습을 하면서 제주도에 정박했다. 그 당시에는 아직 제주해군기지가 창설되기 이전이기 때문에 제주방위사령부에 정박을 했다.
생도들은 부대를 방문하고 제주도에 위치한 전적비를 돌아다니며 참배를 했으며, 주말에는 외출을 나가 동기들과 함께 즐거운 시간을 보내기도 했다. 생도들은 제주도에 있는 동안 한라산 등반훈련을 했다. 연안실습 중 오랜만에 실시했던 육체적 훈련이었기 때문에 기억에 많이 남았던 것 같다.

우리는 한라산 입구에 모여 인원을 점검하고 줄을 맞추어 정상에 올랐다. 우리나라에서 가장 높은 산이기 때문에 힘들 것이라고 생각했지만 워낙 사람들이 많이 다니는 길이라 정비가 잘 되어 있었기 때문인지 힘들지 않게 올라갔다. 생도들은 정상에서 백록담을 구경하며 단체사진을 찍고 내려왔는데, 나는 내려오면서 우연히 고등학교 친구를 만나게 되었다. 생도가 된 이후 고등학교 친구들과 잘 만나지 못했던 나는 우연히 친구를 만나게 되니 반가운 마음이 컸다. 나와 친구는 함께 한라산을 내려가며 얘기를 나누었고 친구는 몰래 간식거리와 물을 주면서 나를 챙겨주었다. 친구의 작은 성의와 배려는 내게 큰 감동이었다.

신기하게도 나는 연안실습을 하면서 고등학교 친구들과 동네 친구들을 전국을 돌면서 다섯 명 정도 우연히 만나게 되었는데, 이런 모습을 옆에서 지켜봤던 동기들 사이에서 나는 어느새 친구가 전국에 퍼져 있는 핵인싸로 인식되고 있었다. 나쁜 기분은 아니었다.

뷔페 식사를 통해 얻은 자존감

생도들은 연안실습을 하면서 뷔페음식을 자주 먹는다. 각 부대 및 유관기관 방문 시 부대와 기관들은 생도들의 방문을 축하해 주기 위해 항상 환영행사와 저녁 만찬을 준비해 주었다. 온갖 환영행사와 만찬을 경험하면서 들었던 내 의문점은 어째서 생도들에게 이렇게 극진하게 대접을 하는가 하는 점이었다.

사관학교 생활이 전부였던 생도들은 장교로 임관한다는 사실은 누구나 알고 있었지만 실제로 군부대 안에서 부하를 지휘하는 장교의 위치와 역할에 대해서는 전혀 알지 못했고, 항상 지적받고 혼나는 것에만 익숙했기 때문에 그랬던 것 같다. 그들은 우리가 후에 해군을 발전시키고 이끌어갈 인재들로 생각하고 대해 주었다. 그들의 시선과 인식을 알게 되면서 나는 새로운 부대에 방문할 때마다 항상 감사한 마음으로 교육과 행사에 임하게 되었다. 생도들은 뷔페 음식을 먹으면서 체력과 함께 자존감을 회복해갔다.

우리는 정박을 해 부대를 방문하면 최소 한 번 이상은 뷔페를 먹었다. 만찬행사가 항상 뷔페에서 이루어졌기 때문인데, 그래서 많은 부대를 방문할 때면 일주일에 뷔페를 세 번 넘게 먹었던 적도 있었다. 몇 년 치의 뷔페 식사를 연안실습 한 달간 다 먹었던 것 같다. 각 부대마다 뷔페를 먹으면서 다양한 메뉴를 먹어보는 것은 연안실습의 또 다른 즐거움이었다.

실제로 연안실습은 훈련보다는 다양한 경험과 실습에 초점이 맞추어져 있었기에 육체적으로 힘들었던 부분은 저학년 때의 실습에 비해서 많이 없었다. 굳이 찾아보면 함정생활에 적응하면서 느끼는 어려움 정도였다.

우리는 연안실습을 하면서 다양한 위치에서 근무하는 선배들의 모습을 직접 보고 대화할 기회를 얻을 수 있었다. 해군부대뿐 아니라 대외 부대에서 일하고 있는 선배들과 전역하고 사회에 나가 군과 관련된 업체에서 일하는 선배들을 만날 수 있었는데, 나는 그들과 대화를 하면서 내가 보지 못한 시야와 관점을 넓혀갈 수 있었다. 사고의 폭을 넓힐 수 있는 좋은 기회였다. 3학년이 되면서 생도들은 앞으로 해군과 해병, 항공 중 어떤 진로를 선택할 것인가 고민해야 하는 시기가 되었고 다양한 병과들에 대해 알아가면서 전과를 하는 것에 대해서도 고민하게 되는 시기였기 때문이다.

연안실습을 통해 생도생활과는 확연히 다른 실무생활과 근무여건을 직접 확인하고 체험해볼 수 있었던 것은 생도들이 앞으로의 진로를 결정하는 데 있어 좋은 참고가 되었다. 그래서 연안실습은 생도들의 진로를 위해 유익했던 실습으로 기억에 남는다.

4학년 순항훈련 : 137일간의 세계일주

해군사관학교 생도들은 4학년이 되면 순항훈련을 실시한다. 생도 3학년 때에 해군의 함정을 타고 연안실습을 하면서 대한민국 전역을 누볐다고 한다면, 4학년이 되면 스케일이 더욱 커져서 해군의 함정을 타고 세계를 일주하며 국위를 선양하는 순항훈련을 실시하게 된다.

순항훈련은 해외 순방을 통해 우방국과 우호를 증진시키고 교류협력의 발판을 다지는 국가 수준의 군사훈련이다. 사관학교 생도들이 임관 전 해군장교로서 필요한 전문지식과 실무 적응 능력을 배양시키고 견문을 넓히는 데 목적이 있다.

생도들은 함정을 타고 장기간 항해를 하면서 실무적인 지식의 학습과 함께 일과, 훈련, 당직, 식사, 문화 등의 함정생활을 직접 체험하면서 실무능력을 배양한다. 순항훈련은 일반대학과 차별화되는 사관학교 내에서도 '해군' 사관학교만으로 차별화되는 가장 큰 매력이자 장점이다. 개인적으로 4년의 생도생활 중 정점인 훈련이라고 생각한다.

순항훈련은 세계일주 코스가 어떻게 정해지느냐에 따라 짧게는 3개월에서 길게는 5개월 동안 진행된다. 우리 기수인 해군사관학교 68기의 경우 대한민국에서 시작해 싱가포르-말레이시아-인도-터키-영국-프랑스-벨기에-덴마크-스웨덴-노르웨이-캐나다-미국-파나마-에콰도르-하와이로 이어지는 14개국 15개 항을 137일간 일주하는 코스로 결정되었다.

인도양과 대서양, 태평양을 횡단하는 항로였기 때문에 다양한 종류의 바다를 항해하면서 해역별로 다른 해양환경을 체험할 수 있었고, 북반구와 남반구를 넘나들었기 때문에 기항지가 바뀔 때마다 각 나라별로 바뀌는 기후와 계절을 직접 느껴볼 수 있어 새미있는 경험이 되었다. 그리고 세계의 바다를 잇는 수에즈 운하를 통과하면서 이집트를 구경하기도 하고 파나마 운하를 통과할 때는 직접 정박해서 배가 운하를 통과하는 모습을 지켜보기도 했다. 다양한 국가를 다니면서 그 나라의 생활, 문화, 음식, 자연을 직접 보고 느끼며 더 풍성한 생각과 감정으로 이어지는 경험을 할 수 있었다.

우리가 순항훈련 기간 동안 승선한배는 구축함인 대조영함과 군수지원함인 화천함이었다. 구축함은 우리나라의 해상 전투력을 담당하는 대표적인 주요 해상 전력이며, 군수지원함은 해상에서 타 함정에 군수물자를 지원할 수 있는 능력을 갖춘 함정으로 주로 유류를 지원하는 역할을 맡은 함정이다.

생도들은 2개의 중대로 나뉘어 대조영함과 화천함에 나누어 승조하였고 훈련기간의 중간쯤에 도달했을 때인 캐나다에서 함정을 바꿔 승조해 항해했다. 3학년 연안실습 때에는 상륙함과 기뢰부설함을 탔다면 이번에는 또 다른 함정인 구축함과 군수지원함을 타고 항해하면서 다양한 함정을 경험할 수 있었고 이는 임관하는 생도들이 해군 함정에 대한 이해도를 높이는 데 큰 도움이 되었다.

환송식과 귀항식

생도들에게 4학년 선배들이 순항훈련을 간다는 사실은 가장 기쁜 소식 중 하나다. 저학년 생도의 입장에서는 자신을 건드리는 상급 학년 중 하나가 몇 개월 동안 사라진다는 걸 의미하며, 3학년의 경우라면 몇 개월 동안 자신들이 학교에서 최고 학년이 된다는 것을 의미하기 때문이다. 호랑이가 없으면 여우가 왕이 될 수 있다.

순항훈련 준비기간이 되면 4학년은 정신없이 바쁘기도 하지만 나름대로의 기대감과 설렘으로, 저 학년들은 앞으로의 생도생활에 대한 희망으로 학교 분위기가 가장 부드러워지고 밝아지게 된다. 특히 우리 기수의 경우 순항훈련 기간이 길었기 때문에 후배들이 얼마나 좋아했을지 감도 오지 않는다.

4학년의 순항훈련 환송식은 매우 화기애애한 분위기 속에서 치러진다. 그런 화기애애한 분위기에서 순항훈련의 주인공인 4학년 생도들은 앞으로 그들이 세계를 경험한다는 사실에 가슴이 부풀어 있었다.

4학년 생도들의 출항을 반겨주는 가족들과들 후배들

　나는 내가 세계를 돌면서 어떤 것들을 보고 느끼며 배울 수 있을까에 대한 기대와 희망으로 들뜬 마음으로 순항훈련을 출발했고, 순항훈련을 마치고 돌아오는 귀항식에서는 짧은 시간이었지만 세계를 누비며 많은 것들을 보고 배우고 성장했음을 느끼며 보람찬 마음으로 진해로 복귀했다.

　귀항식을 마치고 나면 4학년 생도들이 돌아왔음에도 후배들이 여전히 즐거워하는 모습을 볼 수 있는데, 선배들이 없는 시간 동안 충분히 즐겼음을 의미함과 동시에 순항훈련을 마치고 난 4학년 선배들이 이제 졸업과 임관 준비로 바빠 여전히 자신들이 실세라는 것을 알고 있기 때문이다.

　환송식과 귀항식은 사관학교에서 4학년 생도들의 부모님도 참가할 수 있도록 자리를 마련해주어 먼 길을 떠나는 자녀와 돌아오는 자녀를 배웅하고 맞이할 수 있는 기회를 제공해 주었다. 내 순항훈련의 출발과 끝을 함께 해준 가족에게도 감사한 마음을 전하고 싶다.

해군함정을 타고 세계를 방문하다

해외여행이 전무했던 내게 해군사관학교는 다른 나라를 직접 체험할 수 있는 소중한 경험을 제공해 주었다. 세계의 다양한 나라를 돌면서 처음으로 보는 건축물과 건축양식, 자연경관과 기후, 생활양식과 음식, 문화는 내게 매우 신선한 자극으로 다가왔다.

사람이 성장하고 변화하기 위해서는 외부의 자극이 중요한 역할을 한다. 나는 가장 효과적인 외부의 자극은 사람이라고 생각했지만 여행 또한 나를 되돌아볼 수 있는 계기를 마련해 주는 훌륭한 자극이 될 수 있다는 것도 알게 되었다. 엄밀하게 따지면 국가적 차원의 순항훈련이었으므로 일반적인 세계여행이라고 할 수는 없었다. 또한 사관생도 신분으로 방문하는 것이므로 자유롭게 돌아다니는 데도 제한사항이 있었다.

하지만 그런 상황 속에서도 나는 여행을 한다는 느낌을 받았다. 푸른 물결 외에는 아무것도 보이지 않는 바다 위에서도 나는 여행 중이었다. 식사를 하고 난 뒤에 쉬는 시간이나 잠들기 전 함미 갑판에 나와 앉아 있으면, 배가 가르는 물살, 바람과 구름, 밤하늘의 달과 별이 함께하는 환경 속에서 나는 생각에 잠기곤 했다. 다양한 것들을 보고 느끼며, 내가 지금까지 살아왔던 세상과 비교해보며 많은 생각과 감정이 교차했다.

한국에서만 살아왔던 스물세 살의 나는 세계를 향해 걸음을 떼기 시작한 어린아이가 되었고, 지금까지 우물 안 개구리처럼 살고 있었다는 사실을 깨달았다. 배를 타고 오랜 시간 동안 직접 대양을 횡단해서 갔기에 세계가 더욱 넓고 광활하게 느껴졌을지도 모르겠다.

바다 위에서 항해를 하는 와중에서도 나는 내 머릿속에서 일어나는 다양한 생각의 교차와 흐름 속에서 끊임없이 여행하고 있었다.

내가 나 자신에 대해 깊이 생각해보면서 자신의 정체성에 대해서 생각해보는 기회를 갖게 된 계기도 순항훈련이었다. 세상에 나를 객관화시키는 과정 속에서 내가 원하는 삶이 무엇인지, 내게 중요한 가치가 무엇인지, 나는 무엇을 잘하고 좋아하는지, 앞으로 어떻게 살아야 하고 준비해야 하는지에 대해서 생각해보게 되었던 것이다.

순항훈련을 하는 동안에는 홀로 있는 때가 많아서 생각을 정리하기에 충분한 시간이 있었으므로 나 스스로에 대해 생각해보면서 개념이 조금씩 정립되고 개념들이 얽히고 충돌하는 시간이 반복되었다. 그러다가 어느 순간 번뜩 내 삶의 방향성이 희미하게 보이며 조금씩 설정되기 시작했다. 밤하늘을 수놓고 있는 수많은 별들처럼 여러 생각이 얽혀 순간적으로 반짝 빛이 나는 순간이었다.

나 자신에 대해 안다는 것은 생각보다 어렵다. 지금도 내가 모르는 나 자신을 계속해서 알아가고 다듬어가는 과정 속에 있고 앞으로도 그럴 것이라 생각한다. 나는 이 시점부터 스스로 주체적인 삶의 중요성을 깨닫고 그렇게 살아가기 위해 노력하게 되었다. 그로부터 설정된 내 인생의 방향성을 바탕으로 계속 수정하면서 앞으로 나아갈 것이라는 점은 앞으로도 변하지 않을 것이다.

순항훈련을 계기로 내 삶은 큰 전환점을 맞이했다. 그래서 순항훈련은 내 인생의 가장 큰 사건이자 정점이었던 훈련이었다.

Thank you for your Service

우리는 기항지에 정박하면 행사 또는 그 나라의 사회분위기로 인해 정복을 입고 외출을 나가는 경우도 종종 있었다. 정복을 입고 돌아다니게 되면 거동에도 불편하고 새관생도라는 신분이 그대로 드러나기 때문에 마음 편하게 다니기 어려운 제약이 있었다. 하지만 제복을 입을 때마다 느끼는 좋은 점도

순항훈련 중 터키(좌 상), 하와이(좌 하), 영국(우)

있었다. 그중 가장 큰 부분은 해외에서의 군인에 대한 인식이었다.

　많은 해외국가에서는 군인을 우호적으로 대하는 인식이 잘 자리 잡고 있
는 듯 했다. 나라를 지키기 위해서 목숨을 담보로 일하는 직업인 군인에 대
해서 많은 사람들이 멋있다고 생각해 주고 상당수가 존경을 표하기도 한다
는 사실을 알게 되었다.

　제복을 입고 길을 지나다니다 보면 사진을 같이 찍어달라고 하는 사람들
도 있었고 악수를 청하면서 고맙다고 하는 사람들도 많았다. 특히 미국에서
그런 분위기가 크게 확산되어 있다고 느꼈는데, 그들이 먼저 악수를 청하며
항상 하는 말이 있었다. "Thank you for your Service." 우리나라가 아닌 외
국이었지만 군인으로서, 해군으로서 내 직업의 가치를 인정해 주는 사람에
게 감사한 마음이 생기고 군인이라는 내 직업에 자부심이 생기게 되는 순간

이었다. 이런 국민의 존경과 감사 속에서 군인들의 나라를 지키고자 하는 애국심과 희생정신이 더욱 잘 발휘될 수 있을 것이라는 생각이 들었다.

순항훈련 중의 리셉션 행사 : 사고의 확장

나는 순항훈련을 통해 세계의 여러 나라를 경험할 수 있었다. 각 나라별로 아름다운 자연과 건축물, 음식, 동기들과 함께 했던 추억은 내 인생의 큰 자양분이 되었고, 한 번씩 생도시절을 회상할 때면 순항훈련은 가장 기억에 남는 사건으로 회자되곤 한다.

그 많은 경험들 중에서도 가장 기억에 남았던 것이 있다면 바로 리셉션 행사다. 리셉션 행사가 가장 기억에 남는 이유는 다양한 상황과 환경 속에 있는 사람들과 대화할 수 있는 기회를 통해 내가 살아오면서 생각해보지 못했던 이야기를 들을 수 있었기 때문이다.

리셉션 행사는 기항지에서 현지에 살고 있는 대한민국 교민들과 무관, 그 나라의 군인들, 주요 인사들을 초청하여 대한민국 해군에 대해 소개를 하고 만찬과 함께 대한민국의 문화를 대표하는 음악, 사물놀이 등의 공연으로 구성된 친선교류 행사다. 생도들은 초청된 손님들을 테이블로 안내하고 말동무 겸 자리에 함께하며 식사를 하고 같이 공연을 관람한다. 그 테이블 자리에서 다양한 국적과 신분의 인사들을 만나며 함께 식사를 하면서 대화를 나눌 수 있는 기회가 있었는데 그들과 나누었던 대화들이 기억에 남는다.

내가 그들과 나눴던 대화에서 인상 깊게 느꼈던 이유는 그들이 살아온 환경이 대한민국에서 태어나 자란 내 환경과 완전히 달랐던 것으로부터 기인했던 것 같다. 우리나라 안에서도 수많은 사람들이 각자 자신의 가치관을 형성하며 살고 있지만 같은 나라에서 살고 있기에 공유하는 문화와 생각의 공통분모가 어느 정도 존재한다면, 그들은 그런 것들이 전혀 없었기 때문이다. 대화를 나누면서 느낀 그들이 향유하는 삶에 대한 태도와 그들이 바라보는 한국에 대한 시선 등은 내 시각과 사고와는 많은 부분에서 차이가 있었다. 그들이 살고 있는 환경과 문화, 인종과 직업적 신분, 교민의 경우 한국인임에도 이민을 선택하게 된 배경이나 환경, 교포 2세의 삶 등 내가 경험해보지 못했기에 생각해보지 못했던 범주의 이야기를 듣고 내 경험과 생각을 교환하는 시간을 가지면서 내 좁은 사고를 확장시킬 수 있었다.

세계일주를 통해서 내가 가장 매력적으로 느꼈던 부분은 나 자신의 사고가 확장된다는 것이었다. 세상 80억 인구 속에서 살아가는 무수히 많은 사람들과 생각들, 문화와 사건들은 상호작용하며 다양하고 독자적인 삶을 만들어내고 있었다. 그들의 생각을 받아들이면서 내가 당연하다고 생각했던 것들이 당연하지 않을 수 있다는 사실을 알게 되었고 이를 통해 다른 사람을 수용할 수 있는 능력이 조금 더 커질 수 있었다.

생각과 경계의 충돌

타인의 생각과 나의 생각은 말과 행동으로 표현되고 상호작용 하면서 충돌을 일으킨다. 그리고 우리는 서로 공유되지 않은 생각이 충돌하는 경계 지점에서 선택을 한다. 내가 포용할 수 있는 생각의 경계를 확장시켜 상대의 생각을 받아들이거나 반대로 상대방에게 수용 받는 방법, 서로의 경계를 유지하면서 상대방을 인정하는 방법, 그리고 상대방의 생각을 배척하고 부정하는 방법이다.

우리는 이미 자기 삶의 방식에 익숙해져 있다. 따라서 다른 것을 받아들이는 데는 상당한 노력과 시간을 필요로 한다. 현재 상황에 안주하는 것을 선호하는 이유다.

경계의 충돌은 자연스럽게 관계에서의 마찰과 문제를 만들어내고 문제 해결을 위한 또 다른 에너지를 소모하게 만든다. 하지만 이런 충돌과 마찰과 문제의 해결을 통해 나의 경계는 확장되고 내적인 성장과 성숙이 이루어지게 된다.

우리는 매일 다른 사람들과의 관계 속에서 살아가면서 타인과의 경계에 부딪히고 경계를 허무는 과정을 지속해나간다. 어린 나이에는 호기심과 순수함으로, 지금 내가 서 있는 청춘기에는 열정과 패기로, 그 이후에는 경험을 바탕으로 한 노련함으로 지속적으로 확장된다. 그리고 때로는 이 경계의 충돌이 만들어내는 마찰이 너무 힘들고 지쳐 충돌을 거부하고 경계를 수축해나가기도 하는 것 같다.

나는 내 사고의 크기를 확장시켜 나가는 것이 즐겁다. 어떤 사실에 대해서 고려하고 생각할 때, 반영될 수 있는 나의 생각과 정보가 늘어난다는 사실은 내가 조금 더 다양한 측면에서 바라봄으로써 복합적이고 포괄적인 판단을 내릴 수 있도록 도와 주기 때문이다.

사람의 사고는 그의 지식과 어휘 수준에 따라 결정된다고 한다. 그리고 자신이 아닌 지식과 어휘를 어떻게 조합해서 생각을 만들고 이어가느냐에 따라서 그 깊이가 결정된다.

나는 리셉션을 통해 사람들과 이야기를 나누면서 세계 속의 한 사람으로서 다양한 종류의 사람들을 수용하면서 살아가고 싶다는 생각을 했다.

실제로 나는 사관학교에 들어와 겪게 된 다양한 경험들을 통하여 지속적으로 경계의 충돌, 마찰과 조우하고 있었고 이를 하나씩 허물어가면서 앞으로 나아가고 있었다. 이러한 사고의 확장이 앞으로 내 생각과 행동에 긍정적인 영향을 끼칠 수 있을 것이라 믿는다.

주체적인 삶

내가 내 삶을 주체적으로 살아야겠다고 다짐하면서 영향을 받은 가장 큰 변화는 삶에 대한 내 태도가 바뀌었다는 점이다. 주변의 사건을 바라보는 초점이 나의 성장에 맞추어졌기 때문에 나의 경험 속에서 부정적인 요소를 찾아내고 이에 불만을 가지기보다 경험 속 나를 성장시키는 긍정적인 요소에 집중하고 부정적인 요소를 극복하면서 감사하는 마음으로 살아가게 되었다.

이런 관점으로 나의 해군사관학교 생활을 되돌아보니 생도로서 내가 배울 수 있었던 가치가 엄청나게 많다는 사실을 알게 되었다. 나의 부족함을 더 많이 깨닫고 그만큼 더 성장할 수 있었음을 느끼게 되는 순간이었다.

나는 순항훈련 기간 중 처음으로 전역에 대해서 생각해보게 되었다. 전역을 하겠다는 결정이 아니라 전역을 해도 괜찮겠다는 생각이었다. 그 전에는 내가 전역할 수도 있다는 사실을 한 번도 고려해보지 않았기 때문에 내 미래를 생각할 때 항상 나는 군인의 삶을 살고 있었다. 하지만 전역에 대한 가능성을 염두에 두면서 훨씬 다양한 내 미래의 삶의 모습을 그려볼 수 있게 되었다. 그리고 전역을 할 경우를 대비해서 내가 무엇을 준비해놓아야 하는지에 대해서도 자연스럽게 생각하게 되었다.

군인으로서의 삶에 대해 생각해보면서 앞으로 평생 함께 할 직장이라면 내 직업관을 정립하기 위해서 더 많은 생각과 시간, 경험이 필요하다고 생각했다. 나는 생도였을 뿐 군인으로서의 삶을 제대로 살아보지 않았기 때문에 군 생활을 더 많이 겪어볼 필요가 있었다.

전역을 할 것인지 그냥 군에 남아 있을 것인지 여부는 아직 결정하지 않았고, 알 수 없었지만 전역을 선택할 수 있는 기로에 도달할 때까지는 내 군 생활을 최대한 알차고 풍부한 경험으로 가득 채우면서 성장하고 싶다는 생각을 했다. 그리고 앞으로 내가 경험할 해군장교로서의 새로운 세상에서 어떤 것들을 배울 수 있을지에 대한 기대로 부푼 마음을 가슴에 품고 사관학교 졸업과 함께 장교로 임관을 할 수 있었다.

합동임관식 : 대한민국 장교가 되다

해군사관학교 졸업식

해군사관학교에서 졸업식은 일 년 중 가장 큰 행사다. 장교를 양성하는 데 목적이 있는 사관학교에서 4년간의 교육과정을 거쳐 임관을 앞둔 생도들을 졸업시키는 행사이기 때문이다. 그래서 졸업생, 새로 들어온 신입생을 포함한 모든 학년이 졸업식 행사를 열심히 준비한다. 큰 행사인 만큼 그 준비과정도 2~3주간 연습이 이루어진다. 녹록치 않은 과정이었지만 다들 열심히 준비하는 만큼 규모도 크고 볼거리가 다양한 졸업식 행사가 진행된다.

졸업생들은 졸업식을 준비하기 위해 생도사를 벗어나 가입교를 실시했던 장소인 장교교육대 건물에 들어간다. 생도가 되기 위해 해군사관학교에 들어와 처음 교육을 받았던 건물에서 생도생활을 마무리하기 위해 다시 들어와 동기들과 생활하게 된다는 것은 감회가 새롭게 느껴졌다.

졸업생들은 처음 시작했던 공간에서 끝을 준비한다. 문득 숙소에 누워 생각에 잠겼던 적이 있다. 침대에 누워 내가 처음 해군사관학교에 어떤 마음과 기대, 포부를 가지고 들어왔었는지 지금의 마음과 비교해보며, 새로운 환경 속에서 내가 경험했던 크고 작은 사건들과 감정을 되새겨 보았다. 길다고 하면 길고 짧다면 짧은 4년의 시간이었지만, 많은 것이 변해 있었다. 시간은 흘렀고 나는 졸업생이 되었으며, 이제 또다시 장교로서 새로운 시작을 준비하고 있었다.

해군사관학교 졸업식

합동임관식

우리 해군사관학교 68기는 합동임관식을 통해 장교로 임관했다. 일반적으로 사관학교의 임관식은 졸업식과 병행되었으며 졸업식과 임관식은 각 출신의 학교에서 시행된다. 하지만 우리 기수의 경우엔 졸업식은 학교에서 따로 진행되었고, 임관식은 임관하는 국군의 모든 동기들과 함께 합동참모본부가 있는 계룡에서 진행되었다.

임관을 하는 방식에도 꾸준히 변화가 생기는 것 같다. 그래서 나는 친선교류행사를 통해 친해진 육군, 공군사관학교 동기들을 포함하여 학군단을 마치고 임관하는 동기들과 같은 장소에서 임관할 수 있는 기회를 가질 수 있었다.

졸업반지에 새긴 문구. '가슴이 뛴다. 난 할 수 있다.'

우리는 졸업식을 마치고 합동임관식 준비를 위해 진해에서 계룡으로 이동했다. 해군사관학교 생도들은 공군사관학교 숙소를 지원받아 며칠간 머물면서 임관식 행사를 준비하게 되었다.

드디어 장교가 된다는 기대감과 4년간의 사관학교 생활을 마쳤다는 보람은 임관식을 준비하는 생도들을 기분 좋게 만들었다. 그리고 장교로 임관을 앞둔 우리를 대하는 훈육장교들의 태도가 바뀌었다는 점도 마음에 드는 부분 중 하나였다. 훈육에 초점이 맞춰져 있었던 훈육장교들과의 생도-장교의 관계가 이제는 선후배의 관계로 다시 형성되면서 그들이 우리를 조금 더 존중해 주고 챙겨준다는 느낌을 받았기 때문이다.

생도들 또한 이제는 장교가 되면 더 이상 나를 챙겨주는 사람이 없기 때문에 주어진 일을 하기만 하면 되던 수동적인 환경에서 벗어나 내가 스스로 알아서 찾아 일을 해야 한다는 사실을 조금씩 느끼고 있었다.

졸업식과 임관식이라는 연속된 두 번의 큰 행사는 준비하는 과정에 있어서 피곤한 점도 있었지만, 다른 사관학교 동기들과 다시 한 번 얼굴을 마주하고 대화할 수 있었던 것은 즐거운 부분이었다.

장거리를 이동하며, 하루 종일 반복되는 행사 연습 속에서 오랜만에 반가운 얼굴들과 다시 만나 서로의 안부를 묻고 졸업과 임관을 축하하며 친선교류행사를 하면서 함께 만들었던 추억을 다시금 얘기하다 보면, 군은 다르지만 우리는 같은 사관학교 생도였다는 사실을 다시 한 번 깨닫고 동질감과 유대감을 느끼게 된다. 환경은 다르지만 내가 해군사관학교 4년의 생활을 통해 다양한 가치들을 배우고 성장할 수 있었던 것처럼 그들도 다양한 경험을 하고 성장했을 것이다.

사관학교 출신을 포함하여 학군단 출신의 동기들과도 함께 임관할 수 있었던 것도 좋은 경험이었다. 해군사관학교에 재학하는 동안 학군단의 동기들과는 만날 기회나 교류가 없었기 때문에 합동임관식은 그들과 처음 만나게 되는 계기를 제공해 주었다.

합동임관식 행사를 준비하기 위한 목적이었으므로 특별한 교류는 없었지만 여러 학교 출신 동기들과 함께하면서 같이 장교로 임관한다는 그 자체로 국군으로서의 소속감과 동질감을 느낄 수 있는 계기가 되는데, 합동임관식을 추진하는 다양한 이유가 있었겠지만 내가 느꼈던 동기생들과의 유대감은 합동임관식의 장점 중 하나일 것이라고 생각한다. 특히 학군후보생 출신 중에는 고등학교 친구, 동네 친구들도 몇 명 있었기 때문에 행사 연습 중 쉬는 시간에 그들과 연락해 반가운 얼굴을 보면서 이런저런 대화를 나누었던 기억이 난다.

해군 소위가 되다

합동임관식을 하던 날 대한민국에서는 5,800여 명의 초임장교가 탄생했다. 나는 해군사관생도에서 벗어나 해군장교 신분으로서 새로운 군번을 부여받았으며, 실무에 나와 정식 직업군인으로서 생활하고 월급을 받는 직장인이 되었다.

합동임관식의 주인공 육해공군 소위들, 반가운 얼굴들을 다시 볼 수 있어 좋았다.

나는 이제 학교와 부모님의 품을 벗어나 경제적으로 독립한 삶을 살게 되었다. 소위로 임관하고 난 뒤에 받은 월급은 많은 돈은 아니었지만 태어나서 처음으로 직장을 가짐으로써 번 돈이라는 사실이 나를 기쁘게 했다. 첫 월급을 탄 기념이자 감사의 의미로 부모님께 제주도 여행을 보내드렸던 것이 생각이 난다. 그동안 나를 키워주시고 지탱해 주신 은혜에 대한 아주 작은 보답이다.

장교가 된다는 것은 내게 많은 것을 의미했다. 이제부터는 누군가 챙겨주는 수동적인 삶이 아닌 내가 스스로 할 일을 찾아 행동하고 책임지는 삶을 살아야 한다는 뜻이었으며, 주체적인 삶을 살고자 했던 나에게 이 점은 앞으로의 장교생활에 대한 기대와 포부로 가득 찬 마음을 또다시 뜨겁게 만들었다.

새로운 사회 속에서 내 인생을 개척하며 나아갈 수 있는 기회가 주어진 것이었으며, 앞으로 내 인생의 방향성을 어떻게 설정하고 내가 노력해 만들어 나가느냐에 따라서 나의 미래는 달라질 수 있다는 것을 의미했다.

나는 충분한 각오와 준비가 된 상태였고 자신이 있었다.

PART. 2

나는
대한민국의 해군장교다

해군교육사령부 : 장교가 된다는 것

해군장교 교육 시스템

초등군사반 교육

나는 해군사관학교에서 4년간의 장교 양성과정을 마치고 소위로 임관했다. 해군장교로 임관한 모든 소위들은 장교로서 기본소양과 지식을 갖추기 위한 교육과정인 초등군사반 교육을 받는다. 초등군사반 교육은 해군사관학교 졸업 및 임관 후에 바로 이어지는 첫 교육이자 직업군인인 소위로서 실무에 배치되기 전 실시하는 정규 교육이었다.

함께 임관한 동기들은 합동 임관을 마치고 며칠간의 휴가를 보낸 뒤, 진해에 위치한 해군 교육사령부에 들어가 교육을 받았다.

교육사령부는 해군의 교육 및 교육 발전을 담당하는 부대로서 해군이라면 반드시 모두가 거쳐야만 하는 해군 양성부대다. 해군 교육사령부에서는 장교, 부사관, 병의 기초교육 및 정규교육 과정을 담당하고 있다.

나를 포함한 소위들은 교육사령부 내에서 교육을 받으며 숙소를 배정받아 또다시 영내 생활을 시작했다. 생도생활과 같은 영내 생활이었지만 장교들 자체적으로 운영되는 시스템이었으며, 결과에 대한 지적이나 훈련이 생도시절만큼 많지 않았기 때문에, 4년간의 해군사관학교 생활과 비교하면 편했다. 초등군사반 교육은 약 3개월 간 실시되었다.

　장교로 임관하면 교육사령부에서 초등군사반 교육과정을 통해 해군의 다양한 분야에 대해 배우고 공부하게 된다. 우리들은 해군의 작전, 기관, 조함, 무장, 군수, 정보 등과 같은 다양한 내용들을 각 분야에 풍부한 경험과 전문성을 갖춘 교관들에게 교육을 받고 실습하면서 해군에 대한 지식을 조금씩 쌓아갈 수 있었다. 나는 초등군사반 교육을 받으며 확실히 생도시절 배웠던 해군에 대한 내용과는 차이가 있다는 것을 느꼈다.

　생도시절에 배웠던 지식들은 개념적인 부분의 비중이 좀 더 컸다면, 초등군사반에서는 실무와 관련된 지식을 더 많이 배울 수 있었기 때문이다. 또 같은 내용에 대해 배운다고 하더라도 이제 막 소위로 임관해 실무에 호기심을 가지고 있는 상태에서 실제 배운 지식을 써먹어야 하는 입장에서 정보를 받아들이다보니 학습 태도와 습득력에도 큰 차이가 있을 수밖에 없었다. 시험을 앞둔 학생이 시험이 가까워질수록 집중력이 올라가듯이, 흐리멍덩했던 나의 집중력도 실무 배치가 가까워질수록 조금씩 향상되어 갔다.

　해군은 소위로 임관한 장교들을 대상으로 3개월간의 초등군사반 교육을 실시하며, 대위가 되면 해상전 고등군사반 교육을 약 4개월간 실시한나. 그리고 소령이 되면 해군대학에서 교육을 실시하는 등 상위계급으로 올라갈 때마다 계속해서 교육이 이루어지는 시스템을 갖추고 있다. 해군장교들에게 공부는 실무능력을 배양하는 좋은 수단이자 장교로서 능력 계발을 위해 꾸준히 해야 하는 의무가 있었다.

현실적으로 교육과정에서의 성적은 하나의 평가 기준이 되며 이후 진급에 적지 않은 영향을 미친다. 따라서 초등군사반 시절부터 성적을 관리하기 위해 치열한 경쟁이 펼쳐지기도 한다. 특히 소령 진급을 앞둔 대위들의 해상전 고등군사반이나 중령 진급을 앞둔 소령들이 받는 해군대학 교육의 경우 높은 점수를 받기 위한 경쟁이 첨예하게 이루어진다.

또한 초등군사반에서는 함께 임관한 동기들끼리 경쟁하지만 해상전 고등훈련반과 해군대학에서는 동기들을 포함해 선후배들이 함께 경쟁하기 때문에 선배보다 좋은 성적을 받고 싶다는 의욕과 후배보다 낮은 성적을 받을 수 없다는 경쟁의식이 더해져 더욱 치열하게 공부하게 된다.

초등군사반에서 함께 교육을 받았던 ROTC 동기들의 경우, 직업군인을 희망하는 동기들과 전역을 희망하는 동기들 사이에 간극이 있었다. 기본적으로 장기 복무로 분류되는 사관학교 출신 동기들과 장기 복무를 희망하는 ROTC 동기들은 열심히 공부하는 편이었으며, 단기 복무를 마치고 전역을 생각하는 동기들은 상대적으로 자유로운 학업 분위기가 연출되었다.

ROTC 동기들의 경우, 기본 의무복무 기간이 2년이므로 장기 자원으로 분류되기 위해서는 장기 복무를 신청해야 했고 이 과정에서 경쟁을 해야 하므로 좋은 성적을 관리해야 할 필요가 있다.

사관학교와 초등군사반 생활은 다르다

장교가 되고 초등군사반에서 공부하면서 생활환경도 크게 바뀌었다. 항상 급식으로 먹었던 밥을 이제는 사서 먹어야 한다는 아쉬움도 있었지만, 부대에서 대열을 갖춰 걸어 다닐 필요가 없었고 일과가 끝난 후에는 시간을 자율적으로 활용할 수 있게 되었다. 영내 생활을 하면서 주말에 외출, 외박을 나가는 상황은 변함이 없었지만 사관학교 내에 있던 3금 제도로부터 해방돼 주말이 되면 동기들과 맥주를 한잔 마시고 들어올 수 있었던 것도 커다란 행복으로 다가오곤 했다.

사관학교의 '3금제도'는 술, 담배, 결혼을 금지하는 규율이자 전통이다. 이 중에서 술과 담배 문제는 현실적으로 잘 지켜지지 않는 부분이긴 했지만 어쨌든 장교가 되면서 공식적으로 규율에서 벗어나게 되었기 때문에 우리는 자유롭게 술을 마실 수 있었다.

생도시절 담배 피우는 모습을 한 번도 보지 못했던 동기들의 상당수가 초등군사반 생활을 하면서 담배를 피우는 걸 보면서 현실과 제도 사이에 있을 수밖에 없는 괴리와 그동안 고생을 했을 그들의 마음을 생각하면서 안타까운 마음이 들기도 했다. 지금은 변화하는 시대 상황에 맞춰 현실성이 떨어진다고 보았기 때문인지 음주를 금지하는 제도는 사라졌다고 한다.

사관학교 출신 소위들은 학군단 출신 동기들과 같은 방에 배정되어 생활하게 되었다. 새로운 동기들과 함께 생활하는 것은 새로운 자극이었고, 초등군사반 생활을 하면서 가장 즐겁게 느꼈던 점 또한 그들과 함께 생활한 부분이었다. 그들과 함께 방을 쓰면서 다양한 얘기를 나누다 보면 내가 경험해보지 못한 이야기들을 들으며 간접적으로나마 체험할 수 있었기 때문이다.

나는 그들을 통해 학군단 생활과 대학생활에 대해서 들을 수 있었다. 나는 대학생활을 해본 적이 없었으므로 대학교에 다니면서 경험하는 사취생활이나 아르바이트 경험, 수업 방식과 연애 등 다양한 부분에 대해 물어보면서 어렴풋이 알고 있던 일반 대학생활에 대해 조금이나마 이해할 수 있었다.

특히 학군 동기들의 자유로운 사고가 좋았다. 어쩌면 그들이 자유로운 사고를 가지고 있는 것보다는 사관학교 출신들이 상대적으로 획일적인 사고를 가지고 있어 차이를 크게 느낀 것일지도 모르겠다.

　물론 개인차가 있는 부분이지만 그들과 대화하면서 조금씩 서로를 알아가며, 서로를 공감하고 이해할 수 있었고 3개월의 교육기간이 끝날 즈음에 우리는 많이 가까워져 있었다. 초등군사반 기간 동안 나와 함께 같은 방을 사용했던 동기는 지금도 가장 가까운 친구 중 한 명으로 지내고 있다.

바다 위에 서다 : DDH-979 강감찬함

구축함 승조를 지원하다

　나는 초등군사교육 과정을 수료하기 전 승조를 희망하는 함정으로 구축함 DDH-2급에 지원했다. 생도생활과 초등군사반 실습교육 등을 통해 여러 함정을 경험해봤던 소위들은 각자 자신이 근무해보고 싶은 함정이 어느 정도 정해져 있었다.

　소위들은 장교로서 군 생활의 시작을 함께하는 첫 함정이기에 각자 자신의 원하는 함형과 원하는 근무 지역을 양식에 맞추어 제출하게 된다. 나는 희망하는 함정에 탑승할 수 있기를 간절한 마음으로 기원했다. 그리고 나의 간절함에 바다가 응답한 것일지 모르겠지만 지원했던 DDH-2급 구축함 강감찬함에 배치돼 전기 부분을 담당하는 전기관의 직책을 수행하게 되었다.

　우리나라 해군에서 '바다의 방패'라고 할 수 있는 이지스함 다음 전력으로 구분되는 구축함은 많은 동기들에게도 타고 싶어 하는 함정이었다. 구축함은 대한민국 주요 해상전력으로서 최신 무장들과 과학기술로 도배된 해군의 주력 함정이라고 할 수 있다. 당연히 함정과 항해에 대하여 배울 수 있는 부분도 많았고 개인 경력에서도 큰 강점이 될 수 있었기 때문에 승조를 희망하는 동기들이 많았다.

강감찬함은 규모가 큰 함정이었으므로 시설과 근무환경이 좋았던 것도 사실이다. 나는 개인적으로 함정에 걸 맞는 훌륭한 간부들이 많아 함정과 조직이 운영되는 시스템 또한 체계적이었으므로 배울 점이 많아 좋았다. 더욱이 내가 좋아하는 동기 둘과 함께 배치되어 좋은 추억을 만들 수 있었던 것 또한 행운이었다. 함정이 결정되고 난 뒤 설레는 마음과 함께 나의 첫 실무가 시작되었다.

구축함에 지원한 이유

다른 많은 함정들 중에서도 구축함에 지원했던 가장 큰 이유는 해외로 파병을 나가보고 싶었기 때문이다. 우리나라는 2009년부터 유엔 안보리 결의에 근거하여 소말리아 아덴만 해역 일대에 청해부대를 지속적으로 파견하고 있으며, 구축함이 그 역할을 하고 있다.

많은 사람들이 알고 있는 2011년 아덴만 여명작전 또한 청해부대로 파병 중인 최영함이 이루어 낸 성과 중 하나다. 해외파병 경험은 군 생활을 알차게 해보고 싶었던 내게 좋은 경험이자 경력이 될 수 있을 것이라 생각했으며, 거기에 수당을 많이 받을 수 있다는 점도 큰 장점이라 생각했기 때문이다.

하지만 안타깝게도 내가 배정받은 강감찬함은 초등군사반 수료 당시 청해부대 임무를 마치고 복귀하는 중이었으므로 '청해부대'로서의 파병은 현실적으로 어려워졌다.

나는 강감찬함이 대한민국으로 복귀하기까지 두 달 정도의 기간을 같은 급 구축함인 대조영함에 배속되어 임무를 수행했다. 운명의 장난인지 대조영함은 다음 청해부대로 파견되는 함선으로 결정되어 내가 강감찬함으로 복귀하고 한 달 후에 소말리아로 파병을 떠나게 되었다.

첫 부임지인 강감찬함에서 장교들과 함께

첫 실무에 투입되다

내가 분대장으로 있었던 전기직별은 함정의 운용과 동력을 담당하는 기관부에 속해 있었고, 기관부에서 전기직별은 함정의 발전 및 전기 관련 장비를 담당했다. 나는 강감찬함 전기관이었고, 대조영함에는 이미 내 동기가 전기관으로 배정받았기 때문에 나는 동기를 보조하는 역할을 맡게 되었다.

우리 둘은 장비와 관련된 지식과 전기관의 업무에 대해 함께 배워나갔다. 모든 것이 생소하고 어렵게 느껴지는 환경이었지만 같은 업무를 수행하는 동기가 항상 곁에 있다는 사실에 위안을 받았고, 즐겁게 생활할 수 있는 여건이 되었다.

대조영함의 선배들은 내가 잠시 근무하다가 강감찬함으로 돌아갈 것이라는 걸 알았기 때문에 많은 것을 요구하지는 않았다. 그래서 같은 직책을 맡아 일하는 동기와 함께 다니며 일을 배우고 처리하긴 했지만 새로운 일과 환경에 적응하기 위해 정신없이 바빴던 동기와는 달리 비교적 여유를 가질 수있었다. 따라서 여유가 있다 보니 자발적으로 선배들의 업무를 도와 주기도하고 궁금한 것들에 대해 묻고 배우면서 시간을 보내곤 했다.

운이 좋게도 선배들은 이런 나의 모습을 좋게 생각해 주었는데, 선배들로부터 좋은 평판을 받아 어느 순간 의도치 않게 대조영함 내에서 자세가 훌륭한 초임장교로 인정을 받게 되었다. 같은 업무를 처리하는 동기 덕분에 시간적 여유가 있었을 뿐이었는데, 실제 고생은 동기가 훨씬 많이 하고 정작 좋은 평가는 내가 받았으니 조금 미안한 생각도 들었다.

강감찬함 행사중

대조영함에서 근무하고 있던 선배들은 모두 재미있고 좋은 사람들이었다. 업무를 수행하거나 일을 배우는 과정에서도 항상 웃음이 끊이질 않았고 퇴근 후에는 함께 식사를 하는 등 선배, 동기들과 즐겁게 생활했다. 대조영함에서 조금씩 업무를 익혔던 나는 강감찬함으로 복귀한 뒤 상대적으로 빨리 적응할 수 있었고, 강감찬함의 선배들 또한 좋은 분들이 대부분이어서 늘 웃으면서 즐겁게 근무할 수 있었다.

이제 막 일을 시작하는 입장에서 두 함정의 분위기와 업무 스타일을 모두 경험하고 배울 수 있었다는 것은 큰 행운이었다. 새로운 일을 시작하면서 가장 힘들게 느낄 수도 있었던 나의 첫 함정생활은 과분할 정도로 좋은 추억을 많이 남긴 채 행복한 기억으로 마무리되었다.

사람들 사이의 관계는 행복의 열쇠가 된다.

첫 출동 임무

나는 대조영함에서 내 인생의 첫 출동 임무를 수행하게 되었다. 생도시절부터 함정을 타고 항해를 해봤고 초등군사반 교육을 통해서도 실습을 하면서 항해를 해봤지만 확실히 직접 직책을 부여받고 항해하는 것과는 차이가 있었다. 함정이 정상적으로 운용되는 데 내가 맡고 있는 역할과 책임이 생겼기 때문이다.

나는 함정의 아래 부분에 위치한 기관부에서 당직을 섰다. 기관의 추진을 담당하는 주기실장, 보수를 담당하는 보수관 선배와 함께 3직제로 번갈아 당직 임무를 수행해 가면서 새로운 생활 리듬에 몸을 맞추어야 했고 경비 임무를 수행하며 다양한 상황 속에서 전투배치 훈련을 지속적으로 수행하면서 조금씩 함정생활에 적응하게 되었다. 그리고 사관 식사와 함정문화, 부서원 관리 등 맡고 있는 직책과 맞물려 부하를 지휘하는 장교로서 가져야 하는 정신 상태와 태도 또한 실제 함정생활과 출동임무를 통해서 배울 수 있었다.

처음 출동을 나가면서 앞으로 내 인생에서 얼마나 오래 배를 타게 될지 궁금증을 가졌던 적이 있다. 해군으로서 배를 탄다는 것은 일상과 같은 것이지만 육지가 아닌 바다 위 구조물에서 생활한다는 것은 쉬운 일은 아니기 때문이다. 배를 타고 바다에 나가 오랜 시간 해군으로 근무한 선배들과 전우들이 대단하다고 느껴졌다. 그리고 이제는 나 또한 그런 함정생활에 적응해야 할 의무가 있었다. 앞으로 오랜 시간을 함께 해야 하는 바다와 함께 나의 시간은 조금씩 흐르고 있었다.

모든 능력의 기반 인간관계

해군장교로서의 실무

나는 생도생활을 하면서 어느 정도의 해군생활을 접해볼 수 있었다고 생각했지만 실제 실무에서는 많이 달랐다. 공문 처리, 문서 작성, 부하에 대한 업무 지시 및 확인, 상관에 대한 보고, 동료와의 관계, 당직, 장비 운용 등 이전에 경험하지 못했던 업무들에 지속적으로 마주해야 했으며, 새로운 환경을 겪으면서 하나씩 배워나가야만 했기 때문이다.

대조영함과 강감찬함에서 훌륭한 선배들에게 업무를 배울 수 있었다는 건 사실 큰 행운이었다. 대한민국 해군의 주요 전력인 구축함에서 근무하는 선배들은 능력을 인정받는 해군 인재들이기 때문이었다.

따라서 나는 선배들의 업무처리 능력, 업무태도, 상관과 부하 대원들과의 관계, 성품 등을 가까운 곳에서 지켜보며 그들이 어떻게 해군장교로서 인정받고 부하들로부터 존경을 받는지 눈으로 확인할 수 있었다. 그리고 그들을 통해 배운 중요한 가치들은 이후 내가 다른 직책을 수행하며 해군장교로서 근무하는 데 있어 큰 장점으로 작용했다.

실무생활에서는 전문성, 문제해결 능력과 같은 업무능력뿐만 아니라 의사소통 능력, 리더십과 같은 인간관계 능력이 자연스럽게 요구되었다.

사람은 사회적 동물이고 모든 업무는 사회적 관계 속에서 이루어지기 때문에 인간관계 능력은 모든 능력의 가장 기반이 되는 자질이 되며, 업무능력 또한 인간관계 능력을 바탕으로 형성된다.

군인이 아니더라도 인생을 살아가는 동안 인간관계 능력은 행복한 삶에 중요한 영향을 미치기 때문에 나는 인간관계 능력을 키워야 한다고 생각했다. 그래서 나는 강감찬함이라는 새로운 환경에 속한 장교로서, 후배로서, 분대장으로서 함선 승조원들과 나의 역할과 위치에 맞는 관계를 정립하고 긍정적인 관계를 형성하기 위하여 노력하게 되었다.

인간관계 능력을 갖추고 좋은 인간관계를 형성하는 게 어려운 이유는 독립적인 영역에 머물러 혼자서 시도해볼 수 있는 것이 아니라는 데 있다. 인간관계 능력은 타인과 관계를 맺고 영향을 주고받으며 형성되는 것이기에 반드시 다른 사람과 부딪치고 시행착오를 겪으면서 문제점을 찾고 이를 해결해나가야 하는 과정을 반복해야 한다. 그리고 인간관계와 관련된 문제는 개개인의 다양한 가치관과 성격이 복합적으로 작용하기에 더욱 어렵다.

따라서 사관학교에서부터 해왔던 조직생활은 내가 인간관계에 대한 개념을 정립하고 부딪치면서 능력을 키울 수 있는 최고의 훈련장이었다. 그래서 나는 해군사관학교를 통해 배울 수 있었던 가장 큰 가치가 인간관계라고 말한다.

인간관계의 종류

　우리가 학창시절을 지나오면서 형성하는 인간관계는 주로 감정을 공유하는 '감정적 관계'다. 가족과 친구들이 이에 해당한다.

　하지만 우리가 성인이 되고 사회생활을 하면서 접하게 되는 '업무적 관계'는 감정적 관계에 이해관계가 추가되어 조금 더 복잡한 관계가 형성된다. 업무적 관계와 같이 공동의 목적을 성취하기 위해 형성된 관계에서는 성과가 도출되지 않으면 그 관계가 이어지기 어려운 구조를 갖추고 있기 때문이다.

　따라서 직장에서의 인간관계는 감정적인 관계와 업무적인 관계를 상황에 따라 적절하게 발휘하는 것이 중요하다. 그런데 상황에 따라 이를 적절하게 발휘하는 것이 쉽지 않기 때문에 많은 사람들이 사회생활을 시작하면서 느끼는 가장 큰 스트레스의 원인이 인간관계가 아닐까 싶다.

　사회초년생을 비롯한 많은 직장인들은 감정적 관계에 익숙하기 때문에 업무적인 관계에서 어려움을 느끼는 것은 당연하다. 대부분의 사회초년생들은 학창시절까지 공부를 제외한 영역에서 타인과 이해관계로 얽힌 경험이 전혀 없기 때문에 업무적 관계를 형성하는 것이 서툴다. 나는 감정적인 관계로 상대방을 대하는 데 반해 상대방은 나를 업무적인 관계로 대하는 경우가 생기면 서로의 인식 차이로 인해 문제가 발생한다. 업무적으로 스트레스를 주고 힘들게 하는 상사이지만 개인적으로 대화하면 나쁜 사람 없는 이유가 이런 관계를 대하는 방식의 차이에서 비롯되는 것이다.

　그래서 공동 목적을 성취하면서 조직 내에서 즐겁게 생활하기 위해서는 시행착오를 겪으며 감정적 관계와 업무적 관계의 기준점을 잘 정립하고 얼마나 자유롭게 오갈 수 있느냐 하는 점이 중요해진다. 내 감정과 행동의 주체는 나 자신이므로 내가 직장 동료들과 감정적으로, 업무적으로 좋은 관계를 유지하기 위해서 상황과 환경에 따라 이를 적절하게 조율할 수 있는 기준이 필요하다.

이런 과정 속에서 개인이 기준을 제대로 설정하지 못하는 경우, 마음의 상처를 받아 사람을 불신하고 회피하고, 배척하거나 반대로 모든 것을 이해타산의 잣대로 바라보는 사람들이 생겨나기도 한다. 둘 중 어느 경우도 조직원간에 좋은 인간관계를 형성하고 조직의 목표를 달성하는 데 도움이 되지 못한다. 그래서 인간관계가 가장 어렵다는 말이 나오는 것이다.

업무가 아무리 힘들어도 같이 일하는 사람과 좋은 인간관계가 형성되어 있으면 잘 이겨낼 수 있다. 그리고 일을 하면서 힘들다고 느끼는 경우는 대부분 일 자체가 힘들다기보다는 함께 일하는 사람과의 관계가 힘든 경우가 많다. 그래서 나는 정서적인 교감이 주가 되는 감정적 인간관계를 토대로 그 위에 직책과 조직의 성격에 따라 이해관계를 적절하게 형성시켜나가는 것이 중요하다고 생각한다.

업무를 꾸준히 성실하게 지속해 나가기 위해서는 일을 행하는 주체의 자존감과 인정, 감정적인 풍요로움이 필수적이다.

따라서 조직 내에서 좋은 인간관계를 형성하고 유지하는 것이 중요하며, 결과적으로 이러한 긍정적인 인간관계는 조직의 목적을 달성하는 주요한 요인이 될 것이다.

인간관계에 있어서만큼은 공부하고 노력해도 항상 부족하다는 생각이 들지만 부족한 만큼 배울 점이 많기에 계속해서 시행착오를 겪으며 노력하다 보면 더욱 발전할 수 있을 것이라 믿는다. 또한 모든 다른 능력의 기반이 되는 인간관계 능력의 계발을 통해 다른 능력들도 함께 키워나갈 수 있을 것이라 희망한다. 그리고 사회적 관계 속에서 살아가는 나에게 인간관계 능력은 궁극적으로 더욱 행복한 삶을 살 수 있도록 만들어 줄 것이다.

감정과 행동 : 기억에 남는 순간들

행동을 이끄는 감정

나는 생도생활과 장교생활을 통해 사람을 행동으로 이끌 수 있는 것은 권위와 지식이 아니라 마음이라는 사실을 깨닫게 되었다. 사람이 머리로 아는 것과 행동하는 것은 다르며, 행동의 동기가 내부 또는 외부 중 어디에서 비롯되느냐에 따라 이후 그 행동을 자의적으로 지속하는지 여부가 달라지기 때문이다.

군대는 상급자의 명령과 하급자의 복종이 당연시 되는 조직이다. 그러다 보니 군생활을 하다보면 이따금씩 상급자로부터 다소 강제적으로 행동을 강요받는 상황을 겪는 경우가 있다.

군대에서 하급자는 상관의 명령에 따르지만 하급자가 주어진 일을 왜 해야 하는지를 스스로 납득하지 못한 상황에서 행동으로 이어지는 경우, 그 행동이 장기적으로 유지되지 않는다. 이런 상황에서 행동을 강요하는 주체가 사라지면 하급자는 행동하지 않는다. 행동의 원인이 내부가 아닌 외부에 있기 때문이다.

사람 자체의 타고난 천성과 성격을 바꾸기는 쉽지 않으며, 마찬가지로 각 개인이 그동안 살아온 환경과 교육의 영향 또한 무시할 수 없다. 특히 직장의 경우 행동을 요구하면 따지지 않고 그대로 실행하는 사람을 원하지만 개인의 주관과 가치관이 뚜렷한 사람일수록 지시받은 그대로 하지 않을 가능성도 높다. 개개인의 생각과 가치 판단은 다 다르기 때문에 무조건적인 행동 요구는 오히려 반발을 살 가능성이 높을 것이다.

행동은 감정에서 비롯된다. 상대방에 대한 애정과 존경은 자동적으로 개인의 이타심을 자극하며 상대방을 따르고 도와 주고 싶은 마음을 이끌어낸다. 이러한 감정은 곧 행동으로 이어진다. 이런 애정과 존경은 업무적인 모습을 통한 경외심으로부터 발생하기도 하지만 기본적으로 감정적인 관계가 구축된 상태에서 이루어진다.

내가 상대방을 인간적으로 좋아할 수 없으면 존경할 수 없는 것과 같은 이유다. 그래서 업무적 관계는 감정적 관계와 구분되는 개념이 아닌 감정적 토대 위에 쌓이는 2차적인 관계가 된다.

기억에 남는 순간들

나는 강감찬함을 타면서 좋은 선배들의 뒷모습과 동료들의 일하는 모습을 통해 많은 것들을 배울 수 있었다. 강감찬함은 규모가 크고 선진화된 함정인 만큼 함정 내 조직 관리를 위한 체계적인 시스템이 있었고, 그 안에는 자신의 역할에 충실한 대원들이 있었다.

나는 주어진 직책과 권한만 가지고 있었을 뿐 경험과 지식이 부족한 사회 초년생이었던 상황에서 강감찬함의 훌륭한 시스템과 주변 선배, 동료들의 도움으로 금방 적응할 수 있었다.

지금도 내게 하나라도 더 알려주기 위해 노력해 준 선배들과 잘 따라준 대원들에게 감사함을 느낀다. 특히 함정을 타고 출동을 나가며 대원들과 공유했던 추억들과 나를 잘 따라주던 동생과도 같은 동료들은 지금도 기억에 남는다.

함정을 타고 출동 임무를 수행하다 보면 심장이 떨리는 몇몇 순간들이 있다. 연습과 훈련의 경우 다양한 조건이 주어진 환경에서 복합적인 대응을 요구하기에 정신없는 상황이 연출되곤 한다. 그래도 각자 개인이 맡은 역할에 충실하면서 하나씩 해결하면 된다는 믿음을 가지고 훈련이라는 생각을 가지고 있다 보니 마음은 평온했다.

하지만 실전 상황의 경우엔 달랐다. 조건은 단순할지라도 긴장감으로 인해 마음이 요동치는 경우가 꽤 있었다. 함정을 타고 경비임무를 수행하던 중 미확인 비행 물체가 함정을 향해 날아와 이를 추적하는 상황이거나 북한의 경비정과 대치하고 있는 실전 상황 속에서는 수많은 생각들과 감정이 휘몰아치곤 했다.

내가 지휘관이라면 어떤 판단을 내릴 것인가, 공격을 해야 하는 상황이라면 어떻게 해야 할까, 생명의 위협이 느껴지는 긴장 상황 속에서 나는 어떻게 행동할 것인가를 고민하면서 군인의 삶에 반드시 필요한 사생관, 안보관, 태도에 대해서 정립을 해야 할 필요성을 느끼게 되었다.

실전 상황 속에서는 극도의 긴장감 속에서 상황에 몰입하고 감각이 날카로워져 더욱 냉철하고 합리적인 판단을 하기도 하지만 긴장감에 압도되어 이성적인 판단을 내리지 못하거나 감정적인 대응을 하는 경우도 발생한다. 비상 상황에서 올바른 판단과 행동을 하기 위해서는 다양한 상황에 대비할 수 있는 전문성이 필요하며, 개인의 마음을 다스릴 수 있어야 한다는 사실을 알게 되었다.

감정은 곧 행동으로 이어진다. 나의 감정을 다스릴 수 있어야 올바른 판단과 행동을 할 수 있으며, 다른 사람의 감정을 생각하고 배려할 수 있어야 상대방의 행동을 이끌 수 있다. 감정의 중요성을 깨닫고 난 뒤에 내 감정을 그대로 받아들이고 인정하기 시작하면서 내 행동의 변화도 조금씩 이루어졌다.

장교생활을 통해 배운 가치

장교의 위치

해군장교로서의 업무와 역할을 수행하면서 배울 수 있었던 가치들이 많다. 장교로서 나는 상관에게 업무 진행상황을 보고하고 권고를 했으며, 부하 대원들에게 업무를 지시하고 감독하며 결과에 책임을 졌다. 그리고 계급사회인 군대에서 나이에 상관없이 하급자로부터 존대를 받는 생활을 할 수 있었다.

내가 초임장교로서 느꼈던 장교의 권위와 장교에 대한 대우는 곰곰이 생각을 해보면 절대 당연한 것이라 할 수는 없었다. 일반 사회에 비추어 보면, 이제 막 대학교를 졸업한 나이에 취업을 한 사회초년생이 군대의 장교처럼 인원을 관리하고 권한과 책임을 가지며, 존대를 받으며 일할 수 있는 경우는 거의 없기 때문이었다. 그래서 나는 군대 내에서 장교의 역할이란 무엇이며, 어떤 이유로 권한과 책임이 생기고 존대를 받을 수 있는지에 대해서 의문점을 가지고 그 이유를 찾아 보게 되었다.

희생의 가치

나는 장교가 존대 받을 수 있는 이유는 그들이 가지고 있는 전문성과 올바른 판단력, 훌륭한 성품과 리더십 등의 역량이 이유가 될 수 있지만 가장 큰 이유는 '희생'이라는 가치 때문이라고 생각한다.

함정에서 장교들은 지휘부 역할을 하며 함정 운용에 대한 책임을 지며, 육상 부대에서는 함정과 부대가 원활하게 돌아가도록 하기 위한 핵심 업무와 인원관리를 담당한다. 장교는 자신의 판단과 지시가 부대원들의 생명과 직결되기 때문에 개인마다 막중한 책임감을 가지고 있었으며, 그것은 곧 그들의 희생으로 표현되곤 했다.

내가 해군에서 만났던 장교들은 대부분 항상 가장 일찍 출근해서 가장 늦게 퇴근했다. 퇴근시간에 상관없이 주어진 업무가 마무리되지 않은 경우에는 모두 마친 뒤에야 퇴근했으며, 필요하다면 주말 또는 전투휴무와 같은 부대의 휴일에도 일을 하는 경우가 많았다. 부대원이 늦게까지 남아 일을 하는 경우에는 감독관이자 직장동료로서 함께 남아 일을 마무리하고 정리되는 모습을 보고 퇴근했으며, 업무적인 부분에 있어서도 부사관, 병들을 배려해서 궂은일을 도맡아 하는 선후배 동기들의 모습도 종종 볼 수 있었다.

나 역시 상대적으로 어린 나이임에도 불구하고 하급자로부터 존대를 받는 상황에 대하여 단순히 내가 장교라는 직책을 가지고 있어서가 아니라 실제 장교의 위치와 역할에 맞는 역량을 갖춤으로써 존대를 받을 수 있는 사람이 되고 싶었다. 그래서 나는 적어도 다른 사람들보다 열정적인 태도를 가지기 위해 노력했다. 전문성을 갖추기 위해 발로 뛰면서 열심히 공부하고, 훌륭한 인격과 성품을 지니기 위해 노력했다. 실제 내 실무생활 5년을 되돌아봤을 때, 군부대의 휴일인 전투휴무일에 출근하지 않았던 적도 거의 없었던 것 같다.

이런 노력들이 내가 장교로서의 역량을 갖추었는지에 대한 판단기준이 될 수는 없지만, 이런 노력들로 인해 조금이라도 장교라는 위치에 걸 맞는 사람에 가까워질 수 있도록 도와 주었을 것이라 생각한다.

장교의 역할

군대에서 장교의 역할은 신체에 비유하면 '머리와 심장'이다. 장교는 각 직별에서 무장과 장비에 전문성을 가지고 이를 직접 다루는 부사관들만큼 해박한 지식을 가지지는 못하고, 함 내의 많은 행정 요소들과 작업을 담당하는 수병들만큼 열심히 몸을 움직이지는 않는다.

하지만 장교는 부대의 머리와 심장으로서 대원들의 역할을 적절하게 조율하고 명령을 내리며 부대와 함정이라는 신체가 원활하게 움직일 수 있도록 대원들을 이끌고 고무시키는 역할을 한다. 따라서 장교는 해군의 작전, 함정의 무장과 장비, 대원들의 역할에 대한 넓은 지식이 필수적이며 인원을 관리하는 리더십의 역량을 갖추는 것이 매우 중요하다. 부대원들의 역할과 업무, 상황과 개인의 능력을 알고 있어야 대원들을 배려하고 더욱 적절한 판단과 결심, 명령을 할 수 있기 때문이다. 그래서 장교들은 다양한 함정과 부대에서 필수적으로 거쳐야 하는 다양한 보직을 거치며 군 전체의 전반적 업무에 대한 능력을 배양한다.

장교가 가져야 할 가장 중요한 역량은 인원을 관리하는 조직관리 능력과 리더십이다. 전투에서 투사되는 화력이 점차 기계화되고 첨단화되고는 있지만 결국 전투를 수행하는 개체는 인간이며, 부대를 구성하며 일어나는 모든 업무 또한 모두 사람을 통해 이루어지기 때문이다.

개인은 모든 것에 대한 해박한 지식과 전문성을 가질 수 없으며, 혼자서 모든 일을 해낼 수도 없기에 타인과 협동을 하고 분업을 한다. 우수한 리더는 모든 것에 대한 전문성을 갖추고 있는 사람이 아니라 조직원 개인의 역량을 확인하고 그에 적합한 업무를 지시하며, 리더 자신이 직접 할 수 없는 부분을 각 분야의 전문가들을 통해 해결하는 인원관리의 전문가다. 그리고 군 내에서는 장교가 그 역할을 하고 있다.

장교로 복무하는 건 누구나 쉽게 경험할 수 있는 보편적인 경험은 아니다. 나는 장교로 주어진 임무를 수행하며 수동적이기보다는 능동적이고 주체적으로 업무를 수행하는 태도를 배웠으며, 문제에 봉착했을 때 이를 해결하는 방법과 태도, 리더십을 배울 수 있었다.

업무를 추진하면서 해결할 수 없을 것 같은 문제도 시간이 걸릴 뿐 방법은 반드시 존재한다. 문제를 해결하는 방법은 창의적, 포괄적 사고를 통해 찾을 수 있으며 개인의 적극성이 문제를 해결하기 위한 행동을 이끈다.

군에서 주어진 업무를 처리하다 보면, 어떻게 처리해야 하는지 감이 잡히지 않는 상황을 종종 접하게 된다. 나는 이런 상황에 부딪쳤을 때 담당기관, 부서, 관련된 사람들에게 전화를 걸어서 물어보고 하나씩 단서를 추적해 나가면서 일을 해결했던 적도 있었고, 문제가 발생한 근본적인 원인에 대해 고민해보고 이를 해결함으로써 문제를 해결했던 경험도 있었다.

군 생활을 통해 문제를 해결해야 만하는 다양한 상황에 봉착하고 이를 하나씩 풀어나가는 과정을 반복하면서 문제 해결능력을 키울 수 있었다.

나는 해군장교로서 주어진 리더의 역할을 수행하면서 리더가 갖춰야 할 중요한 역량에 대해 배울 수 있었다. 군 생활을 통해 상관을 따르고 대원들을 이끌면서 리더란 무엇이며, 어떤 모습과 태도를 갖추어야 하고, 필요한 역량은 무엇인가에 대해 고민해보게 되었다.

'상명하복'이 당연시되는 군대에서 리더십은 중요하다. 다른 사람을 이끌기 위해서는 내가 먼저 다른 사람을 잘 따를 수 있어야 하며, 나 사신을 이끌수 있어야 조직을 이끌 수 있고 이어서 더 큰 조직을 이끌 수 있다. 해군장교 생활은 내게 지속적인 도전이자 배움의 자리였다. 나는 자기관리와 자기계발, 가치관 정립을 하나씩 해나가는 과정을 통해 나 자신을 주체적으로 이끄는 리더십을 갖추기 위해 노력했다. 군 생활을 통해 여러 사건들을 경험하고 시행착오를 겪으며 나 스스로를 이끌고 조직을 이끄는 경험을 할 수 있었던 것은 행운이었다.

그런 측면에서 나는 내가 군 생활을 하면서 장교로서 대원들을 이끌고 중요한 역할과 책임을 맡을 수 있었던 경험을 할 수 있었던 것에 대해 항상 감사함을 느낀다. 내가 장교생활을 하면서 배운 가치들은 단순히 군에서만 활용될 수 있는 가치들이 아니라 주도적이고 발전하는 삶을 살기 위해 노력하는 내 인생을 더욱 윤택하고 행복하게 만들어 줄 수 있는 토대가 되었기 때문이다. 그래서 나는 해군장교로서 배운 가치들이 군복을 벗은 지금까지도 여전히 유효하며, 더욱 도약할 수 있는 삶의 기반, 내 삶의 방향성을 잡아 주는 나침반이 되었다고 생각한다.

서해의 수호자 고속정 참수리

나의 두 번째 보직은 서해를 담당하는 평택 2함대의 고속정 부장이었다. 서해는 연평해전, 대청해전, 천안함 폭침, 연평도 포격 도발과 같이 북한의 지속적인 도발이 자행되어 왔던 지역으로 서해 NLL을 기준으로 북한과 마주 보고 있는 해군의 최전방이다.

나는 많은 전우들의 희생을 통해 지켜진 서해바다의 최전방에서 경비임무를 수행하는 참수리 고속정 323호정에서 부장의 직책을 부여받게 되었다.

북한의 기습남침으로 발발한 한국전쟁 이후 북한의 도발은 지속적으로 자행되고 있다. 1990년대 후반 제1연평해전 이후 북한의 군사적 도발은 주로 해양에서 이루어지고 있으며, 나는 사관학교 생도시절 천안함 폭침과 연평도 포격도발을 간접적으로 경험했기에 해양을 통한 북한의 도발에 대한 경

참수리 함교에서 조함 중인 늠름한 내 모습

계심을 품고 있었다. 그래서 NLL을 기준으로 최전방에서 근무하는 고속정 부장을 처음으로 맡았을 때는 긴장감이 상당했다. 서해를 담당하는 2함대는 실제 해전과 도발을 경험했기 때문에 상대적으로 긴장된 분위기가 형성되어 있었기 때문이다.

고속정은 크기가 작았기 때문에 나는 중위였음에도 정장 바로 아래 직책인 '부장'의 직책을 부여받아 지휘부 역할을 수행했다. 부장으로서 정장을 보좌해 배의 인원관리 및 훈련과 교육을 주관했고, 항해 중에는 조함 및 무장을 운용했다. 부장의 다양한 역할 중 직접 조함 명령을 통해 함정을 기동할 수 있다는 것은 내게 가장 설레는 부분 중 하나였는데, 배를 조함하는 경험은 절대 아무나 할 수 없기 때문이었다.

나는 강감찬함에서 전기관으로서 함성의 기관과 관련된 임무를 수행했지만 고속정에서는 항해 및 작전, 무장을 담당해야 했기 때문에 성격이 다른 업무를 해야 한다는 점이 처음에는 부담이었다. 하지만 이선에 해보지 않던 업무를 하나씩 해나가는 과정을 통해 내 업무의 영역 또한 조금씩 넓어지게 되었다.

고속정 생활의 고충

나는 고속정에서 부장으로 근무하며 다양한 분야의 능력을 키울 수 있었다. 이전에 근무했던 강감찬함에서는 이미 체계적인 시스템이 갖추어져 있었고, 나는 이제 막 실무생활을 시작하는 소위로서 업무를 파악하고 배우는 것에 초점이 맞춰져 있었기 때문에 내 업무 외에는 서툰 점이 많았다.

하지만 고속정 부장의 역할을 수행하면서 항해, 작전, 무장운용, 행정 등과 같은 업무적인 부분 외에도 인원을 관리해야 할 필요가 있었다. 자연스럽게 조직관리를 배울 수 있는 환경이 조성되었는데, 반복되는 시행착오 속에서 부대의 시스템을 어떻게 구축하고 인원을 관리해야 하는지 끊임없이 고민하며 조금씩 개선해 나가는 경험을 할 수 있었다.

고속정 부장 생활은 생각보다 순탄치 않았다. 실제 해전이 일어났던 연평도와 백령도를 오가며 경비임무를 수행하면서 느끼는 긴장감, 실전과 훈련상황으로 인해 전투배치를 수시로 반복하는 데서 오는 피로, 좁은 생활공간과 장기간의 출동은 쉽지 않은 환경이었기 때문이다. 이는 나뿐만 아니라 고속정을 타는 모든 승조원들이 직면하게 되는 고충이었다.

게다가 특히 멀미가 심한 나로서는 1미터의 파도 또한 엄청난 어지러움과 스트레스를 유발했다. 멀미를 한다는 사실은 해군으로 생활하면서 매우 치명적인 단점 중 하나다. 난 진화한 사람이며, 전정기관이 발달했기 때문이라고 스스로를 위로했지만 항해를 하면서 파도가 심할 때는 제대로 잠에 드는 것조차 힘들었다.

고속정은 조함을 하는 함교가 외부에 존재했는데, 멀미가 심해지면 당직시간이 아니더라도 함교에 올라가 바람을 쐬면서 회의감에 빠진 적도 더러 있었다.

사실 조함 위치가 외부에 존재한다는 것 또한 장애물이 되었다. 이는 함교에서 배를 조함하는 당직자들이 계절과 날씨의 영향을 그대로 받아야 한다는 의미였기 때문이다. 여름에는 햇빛과 바다로부터 반사되는 직사광선을 막기 위해 더위에도 불구하고 마스크와 팔 토시, 모자로 몸을 무장해야 했으며 우천, 설한 속에서는 그대로 비와 눈을 맞으며 조함해야만 했다. 그리고 파도가 심하게 치면 파도로 인해 바닷물이 함교를 넘어 배 전체를 덮치는 경우도 종종 발생했는데, 이런 극한의 조함 환경은 2함대에서 참수리를 탔던 얘기가 나오면 반드시 등장하는 주요 안주거리 중 하나가 되었다.

또 고속정에서는 취사기능이 없어 라면과 냉동식품을 많이 먹었다. 우리나라에 존재하는 거의 모든 라면 종류는 다 먹어봤던 것 같다. 원래 라면이나 냉동식품을 선호하는 편은 아니었지만 냉동식품의 다양한 조합과 맛, 간편함을 직접 느끼면서 냉동식품과 간편 식품이라는 새로운 세상에 대해 눈을 뜨게 되었다. 나름대로 새롭게 먹어보기 위한 나만의 레시피를 만들기도 하고 다양한 방법을 통해 먹어보면서 에너지를 지방으로 치환시켰다.

서해 NLL에서 경비임무를 수행하다 보면 비상상황이 자주 발생한다. 특히 기동성이 좋고 작전 부담이 적은 고속정은 비상 상황에 긴밀하게 대응하는 편인데, 그러다 보니 비상상황과 긴급출항이 빈번하게 발생했다. 긴급출항은 시간과 장소에 상관없이 밥 먹는 시간, 씻는 시간, 잠든 새벽을 가리지 않았기 때문에 항상 긴장된 상태로 하루를 보내야 만했다. 특히 고속정에서 조함 당직은 정장과 부장 둘이서 2직제로 운용되었기 때문에 하루에 18시간을 바다에 떠 있는 경우에는 둘이서 9시간씩 함교에 서있어야 했던 점도 쉽지 않은 부분 중 하나였다. "나를 죽이지 못하는 고통은 나를 더 강하게 만든다."라는 니체의 명언은 고속정 생활에 그대로 적용되어, 나를 죽이지 못하고 더욱 더 강하게 만들고 있었다.

끊임없이 이어지는 인사이동

나는 해군생활을 하면서 정기적으로 이루어지는 인사이동을 통해 새로운 환경과 직책에서 임무를 수행하는 경험을 꾸준히 해야 만했다. 새로운 환경과 업무에 적응하는 과정을 반복하면서 사람은 적응의 동물이며 어렵게 느껴지는 일도 결국 다 할 수 있다는 것을 깨닫게 되었다. 물론 그에 상응하는 노력과 시간은 반드시 필요하지만 이런 과정을 반복하면서 쌓이는 경험과 내공은 새로운 환경과 업무에 적응하는 속도를 증가시키며, 스스로 느끼는 노력에 대한 체감도 반감시킨다는 사실을 알게 되었다.

해군 간부들은 1~2년마다 정기적으로 직책이 변경되어 다양한 지역에서 새로운 역할과 임무를 수행하게 된다. 군 또한 하나의 사회이므로 다양한 업무가 존재하는데, 해군의 경우에는 특히 함정의 종류가 다양하기 때문에 여러 함정을 타보면서 함정별 특징, 작전개념, 무장 등을 익힐 필요가 있기 때문이기도 하다. 정기적으로 직책이 바뀌는 상황은 군인들에게는 매번 새로운 상황에 적응해야 하는 부담을 주지만 군인이라는 특수성은 불시에 어떤 임무가 주어질지 모르는 상황에서 임무를 수행하기 위해 다양한 직책에 대한 경험과 이해도를 높일 필요가 있었다. 여러 해역의 환경과 항로, 전장 환경과 직책에 대한 이해가 있어야만 작전을 더욱 효율적으로 이끌 수 있기 때문이다. 다양한 경험은 곧 훌륭한 지휘관의 양분과 뿌리가 된다.

해군 부대의 특징

해군 부대의 경우에는 바다를 끼고 있기에 도시의 외곽에 있는 경우가 대부분이다. 그래서 부대에 따라 다르지만 시내에 나가기까지 시간이 걸리는 경우가 많았다. 나는 고속정에서 근무하는 동안 차가 없었기에 웬만하면 걸어 다니는 생활을 계속했다. 출퇴근을 할 때는 부대의 출근버스를 이용하거나 동기의 차를 얻어 탔으며, 상황이 여의치 않는 경우에는 1시간이 넘는 거리를 걸어 다니기도 했다. 이사를 하게 되면 일일이 짐을 포장해서 택배로 부치고, 몇 번에 걸쳐 짐을 옮기는 등 지금 생각하면 그런 열정들이 초임장교로서 서툰 모습을 보완해 주는 역할을 하지 않았을까 싶다.

전역을 한 지금 이제는 다시 고속정을 경험할 일은 없겠지만 지금 다시 떠올려 봐도 고속정 생활은 쉽지 않았다. 실제 내가 경험을 했기 때문에 나라를 지키기 위해 많은 해군 장병들이 지금도 바다 위에서 힘든 상황을 이겨내며 열심히 노력하고 있다는 사실을 알고 있다. 이는 해군만 해당되는 사실은 아닐 것이다. 그래서 나는 군인들에게 항상 존경심과 감사함을 느낀다. 내가 고속정을 탔던 시기는 신체적, 정신적, 업무적, 인간관계적으로 여러모로 넘어야 할 과제가 많았던 시기였으며 덕분에 스스로 많은 발전을 할 수 있었던 좋은 기회가 되었다. 그만큼 2함대 참수리 부장으로서 근무했던 경험은 내 군 생활 중에서 자부심을 느끼며 근무할 수 있었던 감사한 경험 중 하나가 되었다.

사생관과 안보관

긴장의 순간

해군생활을 하면서 배를 타고 바다에서 경비 임무를 수행하다 보면 다양한 실전 상황을 겪게 된다. 우리나라는 현재 휴전 중에 있는 세계 유일의 분단국가이며, 이로 인해 주적인 북한과 군사적인 긴장상태를 지속적으로 유지하고 있다. 해상에서는 연평해전, 대청해전, 천안함 피격, 연평도 포격도발 등 북한의 도발이 지속적으로 이루어졌으며, 실제 대한민국 군과 전우들의 희생이 있었다. 나 또한 서해 바다에서 경비임무를 수행하며 실전 상황에서 작전 대응을 하면서 언제 어떠한 상황을 맞닥뜨릴지 모른다는 생각을 하게 되었으며 항상 긴장감을 유지하고 있었다.

내가 강감찬함을 탔을 때였다. 경계임무를 수행하던 중 새벽에 실전 전투배치 상황이 걸린 적이 있었다. 북에서 남하하는 항공기가 포착되었고 이에 우리는 레이더로 이를 추적했다. 적아 식별을 위한 통신에도 지속적으로 무응답으로 일관하였기 때문에 적으로 판단하고 무장을 운용할지에 대한 결정을 해야 하는 상황이었다.

결과적으로 다음날 뉴스에서 미국과 북한이 비밀회담을 가졌다는 내용으로 그 정체를 알 수 있었지만 상황을 맞닥뜨렸던 당시 북에서 남하하는 항공기에 대해 어떻게 판단하고 대응을 하여야 하는지 결정하는 것은 어려운 문제였다. 만에 하나라도 도발이 목적인 적 항공기였다면 우리 함정이 공격을 받을 수도 있는 상황이다. 물론 자체적인 함정의 방어체계가 있지만 전투가 벌어진다는 것은 목숨을 담보로 하기 때문에 어떤 일이 일어날지 전혀 예측할 수 없다.

당시 나는 초급장교인 소위였기 때문에 정보가 지극히 제한적이었고 시야가 좁았기 때문에 혼자만 긴장했던 상황이었을지도 모른다. 그래도 내 해군생활 중 가장 긴장감이 넘쳤던 경험 중 하나로 기억되는 사건이었다.

내가 고속정 부장으로 있었을 때 우리 고속정은 연평도와 백령도 근해에서 경계임무를 수행했다. 해상 군사분계선인 NLL을 경계로 대한민국의 해역을 지키고 있노라면 북한 함정이나 육지가 보이기도 했는데, 우리 고속정이 경계임무를 수행하는 구역은 과거에 해전이 발생했었던 구역과 인접해 있었다. 또한 과거 북한의 도발이 예상치 못한 상황 속에서 갑작스럽게 이루어졌다는 걸 상기해보면 한 번씩 긴장감이 온몸을 옥죄곤 했으며, 북한 경비정이 NLL에 접근하는 상황이 생기면 더더욱 그러했다. 그리고 이에 대응하는 상황을 반복적으로 겪으면서, 자연스럽게 사생관과 안보관 정립에 대한 필요성을 느끼게 되었다.

사생관의 정립

내가 군 생활을 하며 겪었던 위기와 긴장의 순간들 속에서 들었던 생각은 언제 어떤 상황이 일어날지 모르는 상황에서 어떤 마음을 가지고 살아야 하고 작전과 상황에 대응해야 하는가에 대한 답을 찾아야 한다는 것이었다. 그래서 나는 어떻게 살고 죽을 것인지, 어떻게 죽음을 받아들일 것이며 무엇을 위해서 살아야 하는지에 대한 생각을 해보게 되었다.

군인이라는 직업은 목숨을 담보로 나라를 지키는 일이기에 이에 상응하는 각오가 필요하며, 내가 살고 싶은 마음과 나라를 지켜야 하는 군인이라는 직업을 선택한 것에 대한 책임감 사이에서 타협점을 찾을 필요가 있다. 그리고 목숨을 담보한다는 사실은 그만큼 현실에 더욱 충실해야 하며 후회 없는 삶을 살아야 하는 이유가 된다. 하나뿐인 인생 결국 죽음과 맞닥뜨리게 된다면, 나라를 위한 희생은 다른 무엇보다 가치 있고 명예로운 삶일 것이다.

우리나라는 군인의 희생이 그 직업의 숭고한 가치만큼 대우받지 못하는 것 같아 아쉬운 마음이 든다. 미국은 군인이 전사하면 위인으로 대우하고 희생자와 유가족에게 명예와 각종 혜택을 부여한다. 군인에 대한 다양한 복지와 사회적인 인식은 그들이 자신의 일에 명예와 자부심을 느끼고 나라를 위해 희생할 수 있는 동력이 된다.

우리나라도 군인이라는 직업에 대한 인식이 개선되고 확산되어가는 과정 중에 있다. 이러한 과정이 군인의 사명감과 자부심에 영향을 미치고 해군의 발전에 기여할 수 있기를 희망한다.

안보관의 정립

군인으로서 임무를 수행하다 보면 국가의 모든 사건들은 안보라는 토대 위에서 이루어진다는 것을 느끼게 된다. 과거 역사 속에서도 강력한 국방력을 가지지 못한 나라는 외세의 침략을 받고 영토와 주권을 빼앗겼으며, 문화와 기술, 자원과 사람까지도 약탈되거나 다른 나라에 흡수되었다. 우리나라가 일본의 식민지가 되었던 사실과 분단의 아픔을 겪었던 사실은 안타깝지만 이 또한 우리나라의 군사력이 약했기 때문에 일어났던 사건이었다.

동맹국과 연합국의 발생, 핵과 같은 비대칭성 무기의 위험성, 기술과 무역의 발전으로 전 세계가 군사적, 경제적, 사회적, 문화적으로 다방면에 걸쳐 협력관계를 맺고 있어 과거와 같이 일방적인 힘의 논리로 약탈당하거나 통치 당하는 형태는 사라졌지만 여전히 군사적으로 약한 나라는 외교적, 경제적으로 지속적인 압박과 견제를 받는다.

우리나라는 미국과의 군사적 동맹을 바탕으로 눈부신 경제성장을 이루었으며, 세계에서도 인정받는 높은 수준의 경제력과 군사력을 보유하게 되었다. 하지만 열강에 둘러싸인 우리나라 현실에서 상대적으로 더욱 강대국인 주변국들에 의해 우리나라의 주권에 대한 견제는 지속적으로 이루어지고 있는 상황이다.

미사일 발사 훈련 중인 유도탄 고속함

우리나라는 현재 전 세계의 유일한 분단국가이며 종전국이 아닌 휴전국가다. 한국전쟁으로 나라의 주권을 지키기 위해 세계의 수많은 군인들이 희생되었으며 그들의 희생을 기반으로 지켜진 주권 속에서 우리는 '한강의 기적'이라는 혁신적인 발전을 이룰 수 있었다.

소련을 맹주로 한 공산주의와 미국이 이끄는 자본주의의 이데올로기적 대립은 결국 소련이 붕괴함으로써 냉전체제도 해체되기 시작했다. 하지만 북한은 이를 세습체제로 변형시켜 자신들만의 독재 시스템을 만들었고 3대에 이어 권력을 세습하기에 이르렀다.

대한민국은 헌법상 한반도를 영토로 하는 유일한 합법적 정부이기에 한반도 내에서 체제를 계속에서 유지하고 있는 북한과 당연히 마찰이 발생할 수밖에 없는 상황 속에 있다.

소련의 승인과 중국의 지원 아래 김일성 주도의 기습적 남침으로 동족상잔의 비극을 일으킨 북한은 대한민국에게 주적이 되었고, 전쟁 이후에도 간첩사건, 무장공비 침투사건, 도끼만행 사건, 납치사건, 국지도발 및 해전, 천안함 피격, 금강산 관광객 피살 등 반복해서 다양한 방법으로 북한은 우리 정부에 대한 적개심을 표현하고 도발을 자행하고 있으며, 지속적인 미사일 개발과 핵 개발을 통해 전 세계의 안보를 위협하는 국가로 자리매김하게 되었다.

대한민국의 내부의 치안은 세계 1, 2위를 다툴 정도의 선진국가이지만 국제적인 힘겨루기라는 면에서 보면 수많은 열강들로 둘러싸여 있는 게 현실이다. 미국과 일본, 중국과 러시아, 대한민국과 북한의 관계 속에서 우리나라의 군사력은 주변 열강들로부터 주권을 지키고 그 토대 위에서 발전하기 위한 필수적인 역할을 한다.

미국이 세계 최대의 패권국가가 된 것 또한 국방력, 특히 해군력의 뒷받

침이 있었기에 가능했다. 안보를 토대로 그 위에 다른 경제적, 사회적 기반이 세워질 수 있기에 국방력을 담당하는 군인들의 역할이 매우 중요하다고 느낀다.

전쟁이 끝나고 모든 토대가 무너졌던 대한민국을 다시 일으켜 세운 어른들, 힘들었다면 과거에 더욱 힘들었을 상황에서 군인의 길을 걸어왔던 선배들과 참전용사, 순국선열들에 대해 경의를 표한다.

잠수함 장교에 지원하다

선택의 시기

해군장교의 경우 2년차가 되는 중위가 되면 다시 한 번 선택의 순간을 맞이하게 된다. 2년차가 되면 전과를 신청할 수 있는 기회가 생기기 때문인데, 1년 간 배를 타고 함정생활을 경험하며 해군에 대한 기본적인 소양을 쌓은 뒤에 다른 병과에 관심이 있는 사람에게는 지원할 수 있는 기회가 주어진다.

해군의 병과는 함정(항해 및 기관), 정보, 병기, 보급, 시설, 조함, 정훈, 재정, 헌병 등으로 다양하다. 장교들은 개인의 적성에 맞추어 전과를 지원한다. 해군의 주요 임무는 배를 타는 것이므로 대부분의 인원은 함정병과로 편성된다. 주요 병과인 만큼 주요 직책도 많고 진급도 상대적으로 잘할 수 있는 여건이 되지만 한번 경비임무를 나가면 몇 주는 소식이 끊긴 채 생활해야하는 환경이기에, 주요 병과라는 장점에도 불구하고 자신의 적성을 찾아 육상에서 생활할 수 있는 병과로 전과를 하거나 워라밸을 만족하고자 하는 장교들은 전과를 신청하곤 했다.

나는 참수리 부장을 하면서 잠수함 특기에 지원했다. 잠수함 특기는 전과가 아닌 항해 병과의 특기로 분류된다. 따라서 잠수함 특기에 지원한다는 것은 수상함과 잠수함을 모두 탈 수 있는 자격이 생기는 것이지만 보통 잠수함 장교로 선발되면 잠수함만 타게 되는 경우가 많다.

내가 잠수함을 지원한 이유는 첫째, 멋있다고 생각했기 때문이며 둘째, 해군으로서의 자부심을 더욱 느껴보고 좀 더 희소한 경험을 해보고 싶었기 때문이었다. 나는 군 생활을 풍족하고 알찬 경험으로 가득 채우고 싶었고 잠수함이 그 답이 될 수 있을 것이라 생각했다. 실제로 나는 잠수함 생활을 통해 그 누구도 경험하지 못할 희소한 경험을 할 수 있었고 다른 사람과 차별화가 된다는 사실은 항해장교로서 자부심과 긍지를 느낄 수 있는 요소가 되었다.

지금도 내가 잠수함 장교를 지원했던 것은 장교생활 중 최고의 선택 중 하나였다고 생각한다. 그렇게 나는 잠수함 장교에 지원하였고 7개월 동안 잠수함 교육을 받게 되었다.

잠수함은 해군에서 일반 수상함과 같이 함정으로 분류된다. 하지만 수상함과는 완전히 다른 특성을 가지고 있다. 수상함이 바다 위에서의 2차원 운동을 한다면 잠수함은 잠항 심도를 조절함으로써 3차원 운동을 하기 때문에 작전 개념에서 차이가 발생하며 장비의 구조 또한 차이가 발생한다.

잠수함에서는 외부로부터 들어오는 소음과 주파수를 척도로 수상함의 위치, 형태, 침로, 속력 등을 계산하고 침로와 심도를 결정해 항해하므로 시야와 레이더를 바탕으로 항해하는 수상함과 완전히 다른 개념을 공부할 필요가 있었다. 그래서 잠수함 교육은 장교와 부사관에 상관없이 몇 개월에 걸친 장기간의 교육기간이 설정되며, 교육이 긴 만큼 수병이 없는 구조적인 특징을 가지고 있다.

나는 잠수함에 대한 기본적인 이론부터 실제 장비를 만져보고 다뤄보는 실습을 통해 잠수함의 구조를 익혔으며, 잠수함을 타고 항해해보기도 하면서 잠수함에 대해서 조금씩 배워나갔다. 잠수함은 첨단 과학기술의 집합체인 만큼 복잡하고 공부할 내용도 많았다.

잠수함 교육

군대에 들어오게 되면 공부는 하지 않을 것이라는 생각은 이미 예전에 깨졌지만 잠수함은 공부할 내용이 특히 더 많았다. 특히 잠수함은 폐쇄된 공간 안에서 수중 항해를 하다 보니 모든 간부들이 만약의 상황을 대비해 최소한의 위기 대응을 할 수 있는 능력을 키우기 위해서 자신의 분야가 아니더라도 기본적으로 함정의 장비를 포괄적으로 다룰 수 있어야 했다. 특히 장교는 올바른 지휘를 위해 함정의 전반적인 부분을 다 알아야 했기 때문에 나는 더욱 열심히 공부했다.

군인뿐 아니라 많은 직장인들이 승진을 위해, 성과를 위해 꾸준히 공부를 한다. 사람은 일을 떠나 개인적인 성장을 위해 자기계발과 공부를 계속해야 하는 숙제를 안고 있지만 취업을 하게 되면 더 이상 공부는 하지 않을 것으로 생각하는 사람들이 많고 실제로 공부를 하지 않는 사람도 많다. 나 또한 사관학교를 들어오면서 그런 마음을 가졌던 적이 있었지만 공부는 평생 동안 해야 할 일이라는 걸 깨닫게 되었다.

사람은 평생 공부해야 한다. 직무와 관련된 지식은 자신의 가치를 높이고 업무성과를 높이는 용도로 활용될 수 있으며, 다른 분야에 대한 공부는 더욱 다방면으로 사고할 수 있는 기회와 불확실한 미래의 가능성과 기회를 주기 때문이다.

어느 순간 나는 내가 모르는 새로운 분야와 사실들을 공부하는 것이 즐거워졌다. 새로운 지식은 도전이자 같은 시간을 더욱 오래 살 수 있도록 해 주는 가치 있는 경험을 제공해 주며 배경지식과 작은 조각으로 나의 인식과 기억에 스며든다.

공부는 자극으로 나의 사고를 더욱 폭넓게 할 수 있도록 도우며 더욱 올바르고 합리적인 판단을 할 수 있도록 돕는다. 그리고 나 자신이 성장하고 앞으로 나아가고 있다고 느낄 수 있는 성취감과 더욱 노력을 할 수 있는 동기를 제공한다. 나 또한 의지가 약해서 공부를 손에서 놓는 경우도 다반사지만 노력하며 살다 보면 내 미래는 크게 달라져 있을 것이라고 믿는다.

새로운 도전

7개월 동안 잠수함 교육을 받게 되면서 내 삶은 또 한 번의 변화를 맞이했다. 교육생이었으므로 매일 수업을 들어야 했고 매주 시험을 봐야 하는 상황이었지만 그동안 배를 꾸준히 타 왔던 나로서는 육상 근무가 처음이었다. 먼저 불규칙했던 일상으로부터 규칙적인 일상으로 바뀌게 되면서 새로운 삶의 패턴 속에 적응해야 만했다. 교육생 생활이 익숙해짐에 따라서 나는 하나씩 새로운 시도를 해보게 되었다.

내가 가장 먼저 시도했던 것은 운동이었다. 7개월이라는 시간 동안 규칙적인 생활을 통해 함정생활에서처럼 태세를 유지할 필요가 없었기 때문에 출퇴근 전 시간과 주말을 알차게 보내보고 싶었다. 생도시설에는 운동을 많이 할 수밖에 없는 환경이 조성되었지만 장교가 되면서 운동은 환경이 아닌 나의 의지와 선택이 되었다. 고속정을 타면서 불규칙한 생활과 인스턴트식품 과다섭취로 살이 찐 것을 느꼈기 때문에 운동의 필요성을 느꼈으며, 살아오면서 스스로 목표를 설정하고 오랫동안 유지하는 경험도 해보고 싶다는 생각이 들어 근성과 끈기를 길러보고자 운동을 한 번 제대로 시도해보기로 했다.

내가 해보고자 했던 운동은 수영과 헬스, 골프였다. 수영은 해군인 내게 접근성이 높은 종목 중 하나였고 골프 또한 군인들에겐 비용이 싸고 접근성이 좋아 군인들이 많이 하는 스포츠였기 때문이다. 또한 앞으로 군 생활을 계속한다면 도움이 될 것 같다는 생각도 했다.

운동 일정은 아침부터 시작되었다. 아침에 일찍 일어나는 것은 습관이 되어 있었다. 수업은 오전 8시 30분에 시작되었으므로 6시 30분에 일어나서 7시에 수영장에 도착해 수영을 했다. 30분에서 1시간의 수영을 마친 후 수업에 참가했고 수업이 끝나는 오후 6시가 되면 헬스장서 유산소 운동 및 웨이트 운동을 했다. 저녁을 먹은 뒤 8시부터는 골프 레슨을 받았다. 1시간~2시간의 연습 후 집에 들어와서 자는 나의 새로운 삶의 패턴이 완성되었다. 이러한 삶의 변화는 처음엔 극도의 피로감을 동반했지만 점차 익숙해지면서 내 몸에도 변화가 나타나기 시작했다.

가장 큰 변화는 몸이 가벼워졌다는 사실이다. 하루 종일 머리를 쓰고 몸을 움직였기 때문인지 칼로리 소비량이 많았다. 살이 계속해서 빠지기 시작했다. 나는 원래 몸무게의 변동이 크지 않은 편이었으나 어느새 불었던 체중이 빠지면서 자연스럽게 몸이 가벼워지고 삶에도 더욱 활력이 생기게 되었다.

운동을 하면서 병행했던 다른 한 가지는 식이조절이었다. 처음 발단은 교육생으로 육상근무를 처음 하게 되면서 밥을 직접 해 먹어 보자는 생각으로 집에서 반찬을 받아오거나 사서 간단하게 조리해 먹었는데, 미리 양을 정해놓고 조리를 해서 먹게 되면서 먹는 양이 확연히 줄어들었고 자연스럽게 식이조절이 되었다. 늘어난 운동량과 줄어든 식이습관은 내 신체를 더 건강하게 만들어 주었다.

　결과적으로 교육이 끝난 후 잠수함을 타게 되면서 운동은 다시 쉬게 되었지만 운동을 열심히 하고 성취를 냈던 경험은 이후의 내 삶에 큰 영향을 주었다. 내가 근성과 끈기, 자기 통제력이 있다는 것을 확인한순간이었다. 또한 동기들과 같이 운동을 하고 골프를 배우면서 새롭게 얻은 경험과 인연, 추억들은 내 삶을 더욱 풍성하게 만들어 주었다.

핵심적인 습관

　운동을 하면서 다이어트에 대해 알게 된 사실이 있다. 살을 빼고 몸을 만드는 것은 먹는 것이 무엇보다도 절대적으로 영향을 미친다는 사실이다. 그렇게 따져보면 운동은 살 빼는 것과 큰 관련이 없는 것으로 결론을 내릴 수도 있지만, 운동은 칼로리를 소비하는 것 외에도 더욱 중요한 의미를 가진다.

　운동을 하면서 강해지는 체력과 기초대사량 증진은 내 몸을 건강하게 하며 전과 같은 열량을 흡수하더라도 살이 덜 찌는 체질의 변화를 이끌어내기 때문이다. 스트레스 해소, 정서적 안정, 삶의 활력, 자신감 증진 등 운동은 삶의 변화를 이끌어내는 핵심 습관이라는 것을 직접 느낄 수 있었다. 운동의 중요성을 깨닫는 순간이었다.

　운동과 같이 나의 무의식 속에서 자연스럽게 자리 잡아 디폴트 값으로 실정되는 중요한 핵심 습관들이 몇 가지 있다. 자기계발과 학습, 독서, 시간 지키기와 같은 좋은 습관, 재무적인 사고 등이다. 이 행동적 요소들은 현재 나의 삶을 급격하게 바꾸는 인과적 요소는 아니지만 누적되고 쌓여가면서 내 삶의 방향성과 태도, 행동을 만들어가는 결정적인 요소가 된다.

예를 들어 재테크에 대해 열심히 공부하는 것은 나를 바로 부자를 만들어 주는 것은 아니지만 재무적으로 사고하는 습관은 앞으로 살아가는 데 있어서 내가 부자가 될 가능성을 더욱 높여주는 요소가 될 것이다. 운동을 반 년간 꾸준히 해오면서 나를 발전시키는 핵심적인 습관에 대해 처음으로 생각할 수 있는 계기를 갖게 되어 행운이었다.

잠수함에 타다 : SS-068 이순신함

사실 나는 사관학교 졸업 전에는 다른 병과로 전과하여 함정생활보다는 육상에서 근무하고 싶다는 생각을 하고 있었다. 하지만 순항훈련을 다녀온 이후에는 전역에 대한 가능성을 열어두면서 해군생활을 좀 더 알차게 해보고 싶다는 생각을 했으며, 그런 과정 속에서 잠수함 장교를 선택했다. 장교로서 잠수함을 승조했던 경험은 내 진했던 해군생활의 정점이었다. 잠수함 자체가 가진 매력도 있었지만 좋은 사람들과 함께 근무하며 즐겁게 생활할 수 있었다는 사실에 더해 아무나 탈 수 없는 잠수함 승조원 경험을 해본 사실은 지금까지도 이어지는 자부심으로 남았다.

잠수함 교육기간을 수료한 후 나는 이순신함의 전투정보관 직책을 부여받고 근무하게 되었다. 해군 잠수함의 이름을 정하는 방식은 우리나라 역사의 해전 명장과 독립투사의 이름으로 명명된다. 흔히 이순신이라고 하면 대다수가 노량해전에서 전사하신 충무공 이순신 제독을 생각하겠지만 사실 내가 승조한 잠수함의 이름은 충무공의 휘하에서 공을 세웠던 장수인 무의공 이순신을 말한다.

나는 이순신함에서 전투정보관으로서 작전관 선배를 보좌하여 함의 작전

그리고 항해와 관련된 부분을 담당했다. 하루 일과를 시작하면 아침 브리핑을 준비해 항해조건과 일정, 작전현황 등에 대한 보고를 했고 작전관 선배와 함께 당직을 서면서 항해를 잘할 수 있도록 정보를 올바르게 해독하는 방법과 돌발 상황에 적절하게 대처하는 방법, 잠수함의 장비들과 특성, 운용방법에 대해서 차근차근 하나씩 배워나갔다. 잠수함 승조원들은 대부분 꾸준히 공부하고 노력하는 분위기라서 공부하는 분위기 속에서 나도 빠르게 잠수함에 대해서 배우고 적응할 수 있었다.

첨단과학의 집합체인 잠수함

잠수함은 수상함처럼 시각정보를 바탕으로 기상환경과 작전상황을 판단할 수 없다. 따라서 함 운용과 작전개념에 있어 큰 차이가 있다. 잠수함은 잠항해서 항해하기 때문에 수중으로부터 들어오는 소음에 대한 분석을 통하여 장애물의 종류와 움직임을 계산하고 예측하여 항해를 한다. 함정의 기동에 대한 책임을 지는 당직사관 임무를 수행하는 장교들은 제한적으로 주어지는 조건들을 바탕으로 판단하여 조함 지시를 내려야 했기 때문에 상당한 경험과 공부가 필수적으로 요구되었다.

나는 당직을 서면서 동료들과 협동하여 정보를 하나씩 처리해 나가면서 항해를 하곤 했다. 판단과 결과에 대한 책임은 결국 당직사관 임무를 수행하는 장교가 가진다는 점과 수중이라는 폐쇄된 환경 속에서 잘못된 판단을 내리게 되면 큰 사고를 불러올 수 있다는 점으로 인해 더 많은 책임감을 가지게 되었다. 따라서 정확한 판단을 위한 능력을 기르기 위해 더 많은 경험과 공부, 노력을 해야만 했다.

소리를 듣고 상황을 판단해서 항해한다는 점은 잠수함이 항공기, 수상함과 차별화되는 가장 큰 특징이다. 난 소음을 통해 알아낼 수 있는 정보들이 이렇게 많다는 사실을 잠수함을 타기 전까지는 알지 못했다. 수중에서 항해하기 위해서는 필요한 정보를 이해하고 해석할 수 있어야만 했다. 또한 음향장비, 레이더, 통신장비, 전기기관, 무기체계 등 다양한 전투체계가 종합되어 운용되는 것을 직접 경험하면서 잠수함은 첨단과학과 기술의 집합체라는 것을 실감했다. 실제 인류 과학의 가장 큰 발전은 전쟁을 통해서 이루어졌으며, 잠수함 또한 비대칭 전력으로서 지구의 70% 이상을 차지하는 바다에서 효과적으로 화력을 투사할 수 있도록 만든 인류 최고의 첨단 과학기술의 결과물이다.

잠수함은 아군에게조차 발각되어서는 안 되는 은밀성이 요구된다. 따라서 잠수함을 조함할 경우에는 수상함보다 고려해야 할 사항들이 더욱 많다. 또 잠항 중 사고가 생기면 큰 사고로 직결되기에 잠수함에 대한 높은 이해도가 필수적이다. 그래서 해역과 기상, 조석과 일출, 수중 장애물, 일몰시간, 달의 위상 등 다양한 조건을 고려하며 항해를 해야 만했고 이와 관련된 더 많은 공부와 노력이 필요했다.

우리나라의 잠수함 승조원들은 적은 물론이고 아군에게도 절대 들키지 않는다는 자신감을 가지고 있고 실제로 그런 능력을 갖추고 있다. 이런 차별화되는 특징은 잠수함 승조원들에게 그만큼 더 큰 자부심을 갖게 했으며, 같은 상황을 겪으며 항해하는 동안 잠수함 승조원간에는 동질감과 소속감, 전우애가 형성되었다.

잠수함에서의 생활

주변 소음을 통해 항해하는 잠수함은 마찬가지로 내부에서 외부로 나가는 소음 또한 상대방에게 정보가 될 수 있으므로 발생하는 소음을 최소화시키기 위해 노력한다. 함 내부에서의 소음을 최소화하기 위해서 승조원들은 함 내에서 움직이거나 장비를 움직일 때, 화장실을 이용할 때에도 최소한의 동작으로 움직이고 소음을 내지 않기 위해 노력했으며, 대화를 할 때도 항상 차분하게 조심해서 소곤소곤 말하는 분위기가 조성되어 있었다. 씻을 때도 물을 계속 틀어놓으며 씻기보다는 물을 받아놓고 씻는 식으로 소음을 줄이기 위해 노력했다. 이런 환경이 처음에는 답답했지만 역시나 금방 적응하고 있었다.

잠수함은 정말 좁다. 그래서 좁은 공간에 적응해서 생활해야만 한다.
잠수함은 제한된 크기의 공간 속에서 작전 목표를 달성하기 위해 승조원들의 의식주를 해결할 공간, 무장, 동력을 담당하는 장치 등을 모두 수용할 수 있는 능력을 갖추어야 하지만 임무 특성상 장비와 무장이 주가 되다 보니 승조원들의 생활공간이 상대적으로 줄어들게 되었다. 승조원들은 인원수만큼 침대가 마련되어 있지 않아 당직자들끼리 번갈아가며 침대를 공유하기도 하고, 돌아다닐 공간이 부족해서 당직을 서는 시간이 아니면 잠을 자거나 제한된 공간에서 가만히 앉아 시간을 보내곤 했다.
고속정 참수리를 타면서 배가 정말 좁다고 생각했지만 잠수함은 더욱 좁았다. 동료 한 명이 옷을 갈아입기 위해 복도로 나오면 다른 인원은 피해 주기 위해 침대 안으로 들어가야 하는 환경이었다.

잠수함은 빛이 들어오지 않으므로 일출시간과 일몰시간에 맞추어 실내조명을 켜고 끄면서 생활 리듬을 만들어나간다. 그리고 밀폐된 공간에서 생활하기에 잠수함 내 공기 비율을 맞추기 위한 장비를 갖추고 있다. 덕분에 연료와 식량이 허용되는 한 수중에서 별 탈 없이 꽤 오랜 시간을 항해할 수 있다.

잠수함 내부는 계절에 상관없이 항상 시원하다는 특징이 있다. 잠수함 내부가 더우면 장비의 효율이 떨어지기 때문에 장비효율을 위해서 항상 시원한 상태로 유지해야 했기 때문이다. 덕분에 여름에도 잠수함 내부에서는 점퍼를 입는 등 항상 쾌적한 상태에서 업무를 할 수 있었다. 그리고 항해를 나가면 외부 인터넷망과는 완전히 차단이 되었기 때문에 행정업무를 전혀 할 수 없어 작전과 출동임무에 전념할 수 있었지만 항해를 마치고 육상으로 돌아오면 그동안 쌓인 업무를 처리해야만 하는 고충도 있었다.

잠수함의 매력은 여러 가지가 있지만 가장 큰 매력 중 하나는 식사다. 우리나라 군에서도 해군의 식사는 맛있는 것으로 유명한데, 해군에서도 잠수함 식사는 더욱 맛있는 것으로 정평이 나 있기 때문이다. 특수한 조건 속에서 근무를 하기 때문에 식비로 할당된 예산이 좀 더 많고 수중에서 항해하는 특수성 때문에 취사를 하면서 불을 사용하는 데 제한이 있어 주로 열로 쪄서 먹을 수 있고, 보관이 상대적으로 유용하며, 음식물쓰레기가 많이 나오지 않는 스테이크와 수육과 같은 고기류, 채소류를 중심으로 메뉴가 구성된다. 잠수함을 탈 때처럼 고기를 많이 먹었던 적도 없었던 것 같다. 특히 제한된 공간 내에서 생활이 제약되다 보니 맛있는 음식은 항해를 하면서 가장 큰 삶의 즐거움 중 하나가 되었다.

잠수함을 타면서 가장 기억에 남았던 장면은 몇 주 동안의 출동임무를 마치고 돌아오는 바다 위에서 부상하여 처음으로 바깥 공기를 마시던 기억이다. 한밤중이었고 옅은 달빛으로 인해 바다가 아름다운 노란빛으로 물들었으며, 고요한 수면 위에는 잠수함의 물을 가르는 소리가 잔잔하게 울려 퍼지고 있었다. 맑고 상쾌한 바닷바람이 가슴을 가득 채웠고 하늘을 수놓고 있는 별과 임무를 마쳤다는 성취감, 사랑하는 사람들을 다시 볼 수 있다는 기대감과 설렘이 마음속에 소용돌이쳐 당직을 서는 내내 그 아름다운 광경을 음미했었던 기억이 난다. 사람이 평생 동안 간직하고 가는 인생의 아름다운 몇몇 장면들이 있다면 내게는 그런 장면 중 하나일 것이다.

잠수함의 장교 문화

잠수함 장교들 사이에는 그들만의 문화가 있다. 나는 잠수함 생활이 그리 길지 않았기 때문에 당시 이순신함 장교들의 문화일 수도 있지만 잠수함 장교들끼리는 더욱 끈끈한 전우애로 뭉친다는 특징이 있었다. 군 생활을 마친 지금도 가장 애정이 넘쳤던 인간관계의 대상은 이순신함을 탈 때의 동료들인 것 같다. 이순신함에서는 항상 선배들이 후배들에게 밥을 사주곤 했고, 나는 막내였기 때문에 항상 얻어먹기에 바빴다. 한 번씩 고마움과 감사함을 표현하고자 내가 계산하고자 하면 받은 만큼 나중에 후배에게 그대로 베풀어 주라던 멋진 선배들 사이에서 생활했다.

나는 그들의 관심과 배려에 모든 업무에 최선을 다하는 모습으로 답하기 위해 노력했다. 내가 맡은 업무는 선배들의 업무에 비해서 난이도나 중요성의 측면에서는 상대적으로 떨어지긴 했지만, 빈틈을 보이거나 실수를 하지 않고 업무기한에 늦거나 놓치는 일이 없도록 나름대로 신경을 썼던 것 같다. 그럼에도 불구하고 부족한 부분은 드러나기 마련이었지만 신배들은 항상 이해해 주고 칭찬과 격려를 아끼지 않았다. 매년 정기적으로 받아야 만하는 보안감사에서 나온 내 실수에 대해 함장님과 부장님은 내 입장을 대변해 주고 처벌을 받아야 한다면, 직접 책임지겠다고 나서 주셨던 일, 아버지가 아프셔서 주말마다 서울로 올라갈 때 일찍 퇴근할 수 있도록 배려해 주었던 일, 장거리 출장을 갈 때 아직 운전이 미숙했던 나를 대신해서 선배들이 대신 운전을 해 주었던 일, 출동을 마치거나 주요 업무를 끝내고 나면 장교들끼리 회식을 하면서 서로를 칭찬하고 격려를 했던 문화는 내가 그들에게 무한한 감사함과 애정을 느끼도록 만들었으며, 나는 그들의 인성과 성품, 능력에 반해 진정으로 존경하고 따르게 되었다.

나는 그런 좋은 사람들 사이에서 꾸준히 조금씩 성장하고 있었다. 내 해군 장교 생활 중 그들을 만났던 것은 진정 행운이었으며, 그들 또한 나를 만났던 것이 행운이었다는 생각이 들 수 있는 사람이 되고 싶었다.

해군에서 잠수함 장교들은 여러 가지 면에서 깐깐하고 성격이 예민하다는 편견이 있다. 따져야 할 것이 많고 철두철미하게 업무를 처리해야 하는 잠수함의 직업 특성이 반영된 것일 수도 있지만 결국에는 사람 나름이며 내가 만났던 잠수함 장교들은 예민하거나 따지기보다는 마음이 넓어서 너그럽고 배려를 해 주는 사람이 많았다. 좋은 사람들을 많이 만날 수 있었음에 감사하다.

나는 소위로 임관해서 DDH 구축함에 지원해 청해부대로 해외파병을 가고자 희망했지만 결과적으로 가지 못했다. 그래서 나는 잠수함을 지원하면서 미국을 중심으로 하는 동맹국 해양연합훈련인 림팩훈련을 경험해보고 싶다는 소망을 품었지만 그 또한 참가해보지 못했다. 하지만 실무생활을 하면서 해외파병과 연합훈련만큼 가치 있고 좋은 경험을 충분히 많이 쌓을 수 있었던 것 같다. 긍정적으로 생각해 되돌아보면 오히려 나를 성장시킬 수 있는 더 많은 경험을 할 수 있었다는 생각이 들어 감사하다.

잠수함 수리로 조선소 근무를 경험하다

잠수함 수리에 들어가다

모든 함정은 정상적인 함 운용을 위해 정기적인 정비와 및 수리를 실시한다. 잠수함 또한 예외는 아니었는데, 잠수함은 부대 내의 정비창에서 실시하는 정비와 수리 외에도 8년마다 한 번 씩 1년이 넘는 장기간의 수리와 정비기간을 갖는다. 그리고 8년마다 하는 수리의 경우 군내에서 자체적으로 정비가 어려운 부분이 있어 조선소로 인도하여 조선소의 잠수함 전문인력들이 직접 수리와 정비를 담당한다.

마침 내가 이순신함에서 근무했던 시기는 8년 만에 이순신함이 조선소에 들어가 수리하는 해였기에 나는 이순신함이 건조된 대우조선소에서 근무할 수 있는 기회를 얻게 되었다.

거제에 위치한 대우조선소에서 했던 일은 주로 잠수함 수리를 하면서 관련된 부서의 일정과 진행상황을 확인하고 대외 지역이라는 새로운 업무환경에서 부대운영을 하기 위한 보안업무, 부대를 유지하면서 기본적으로 수행해야 하는 행정업무와 인원관리였다. 수리를 하면서 새로운 업무스케줄에 적응해야 했지만 실제 함정업무에 비하면 업무가 많은 편도 아니었고 민간기업에서 사무공간을 얻어 근무했던 것이기 때문에 상대적으로 생활에 여유가 있었다.

나는 거제소선소에서의 근무가 교육을 제외하고 처음으로 경험했던 육상에서 이루어지는 근무였다는 점과 처음으로 군부대가 아닌 민간기업에 출근하여 일을 한다는 사실에 마음이 들떠 있었다. 과연 민간기업에서는 어떤 업무시스템을 가지고 있고 군대와 어떤 차이가 있을까라는 의문과 호기심이 나를 사로잡았기 때문이다.

거제 조선소 생활

출퇴근으로 시작해서 식사, 업무진행 및 협조 등의 하루 대부분의 업무와 생활은 조선소의 시스템에 맞추어서 진행되었다. 심지어 휴일도 부대가 아닌 조선소의 일정에 따라 맞추어졌는데, 잠수함 승조원들은 군복을 입고 근무를 했지만 실제 조선소의 일원이 된 것처럼 함께 업무를 진행했다. 업무적으로 협조 관계를 맺고 있는 조선소 인원들과 회식도 하고 운동도 같이 하는 등 서로 교류하며 나는 조금씩 조선소의 삶에 적응하게 되었다. 마치 대우조선소에서 해군 잠수함의 대표로서 근무를 하는 느낌도 받았다.

재미있는 사실은 대부분의 조선소 근무자들이 자전거를 타고 출퇴근한다는 사실이었다. 워낙 근무하는 직원이 많고 모두 차를 가져올 수 없는 물리적인 환경 때문이었지만 마치 동남아시아처럼 대부분의 직원들이 오토바이를 타거나 자전거를 타고 출근하는 광경은 처음 겪어보는 내게는 인상적인 장면으로 남았다. 장교들은 숙소에서 대우조선소에서 제공하는 버스를 타고 출퇴근을 하거나 배정받은 공용차량을 타고 장교들끼리 함께 출퇴근을 하는 형태로 사무실로 이동했다.

하루 일과에 반영되어 있는 오후의 전투체육활동 시간이 되면 보통은 업무를 해야 했기 때문에 운동하러 가지 못하는 경우가 다반사였다. 하지만 조선소에서는 종종 장교들끼리 혹은 대원들과 함께 체육활동도 할 수 있었다. 일정이 잘 맞아떨어지는 날이면, 업무협조 관계에 있는 조선소 사람들과 함께 체육활동을 하거나, 마침 이순신함의 수리를 하던 기간 동안 잠수함을 인수하고 있었던 인도네시아의 '나가파사'함 승조원들과 체육활동을 하기도 했다.

'이순신함' 장교들과 인도네시아의 '나가파사함' 인수요원들.

이순신함의 승조원들과 함께 여러 협조관계에 있는 사람들과 친선교류를 하고 함께 회식도 하면서 친목을 다지고 원만한 협력관계를 유지할 수 있었는데, 나는 새로운 업무환경에서 적응하는 과정이 즐거웠다. 민간기업에서 군의 업무를 처리해야 했기 때문에 수반되는 부가적인 업무들도 많이 있긴 했지만 해군사관학교에 입교한 이후 아르바이트를 포함해 민간업체에서 일을 해본 경험이 거의 전무했던 나로서는 대우조선소의 업무시스템이 어떻게 굴러가고 직원들이 일을 처리해 나가는지에 관심이 있었다.

내가 얻은 결론은 군대와 민간기업의 일 처리 시스템과 방식에 큰 차이는 없었다는 점이다. 하나의 큰 업무를 위해 세부적인 과제를 분류하고 이를 단계적으로 추진해 나가기 위해서 협조부서와 함께 회의하고 의견을 맞추어나가면서 일을 진행시키는 과정은 내가 속한 해군과 크게 다르지 않았다. 다만 군대의 업무가 좀 더 정형화되어 있는 것 같다는 생각을 했다.

조선소에서 근무하면서 조선소의 업무시스템에 대해 완전히 이해했다고 생각하지는 않지만 그래도 새로운 환경에서의 분위기와 업무스타일을 체험할 수 있었다는 점은 큰 도움이 되었다. 군대라는 조직의 특수한 업무환경과 일반 기업의 인원관리와 업무스타일을 비교하고 유사점과 차이점을 느껴보면서, 각 시스템의 장단점에 대해서도 한 번 더 생각해보게 되는 시간이 되었기 때문이다.

군대 시스템이 가지고 있는 장점

조선소에서 근무하고 군대와의 업무시스템을 비교하면서 느낀 군대 시스템의 장점이 몇가지 있다. 먼저 군대는 상부의 지시나 명령에 대하여 예하부대와 개인이 즉각 이행하는 편이며 스스로 그렇게 해야 한다고 생각한다는 점이다. 군 내에도 여러 사건들과 사고가 존재하지만 모든 사회에는 문제가 생기기 마련이며, 군대만 특별하다고 생각하지는 않는다. 오히려 군인만큼 지시에 잘 따르고 문제를 일으키지 않는 사람들도 없다.

또 군은 잘못된 것에 대해서 스스로 인지하고 바꾸기 위해 노력하는 사람들이 많은 조직이다. 부서-개인 간 업무협조가 잘된다는 점도 장점인데, 보통 이해관계가 얽혀 있지 않으면 협조가 잘 이루어지지 않고 업무의 주관이 누구인지 싸우는 일이 비일비재한 여러 일반 기업들과 달리 군인들은 서로 문의하고 협조하는 분위기가 잘 형성되어 있다. 그래서 내가 도움을 많이 받는 만큼 나도 도움을 줘야 한다고 자연스럽게 생각이 들게 되는데, 한편으로는 같은 군인으로서 느끼는 전우애와 소속감도 이에 영향을 미치는 것 같다.

그리고 사회적으로 문제가 되는 음주, 자살, 성 관련 문제, 안전사고 등과 같은 잘못된 사건사고와 관련해서도 군 내에서 문제가 생기면 특히, 더 사회적으로 조명을 받다 보니 대부분의 군인들이 문제를 만들지 않기 위해 각별히 노력하고 신경을 쓴다는 사실과 군에서 각종 교육, 강조 등의 다양한 노력을 통해 사건사고 예방을 위해 노력하고 있다는 점도 수많은 장점 중 하나에 해당한다.

당시 대우조선소를 포함한 국내의 조선소들은 경영난으로 힘든 시기를 마주하고 있었다. 해외 수주의 감소와 타국 경쟁업체들의 등장으로 국내 조선업이 위기에 빠진 상황이었으며, 대우조선소가 경영적으로도 특히, 더 어려운 상황에 있어 매각을 하거나 구조조정을 한다는 얘기도 나온 시점이었다. 나는 이런 상황에서 직원들 사이에 흐르고 있는 우울한 분위기를 직접 느낄 수 있었다.

사측에서는 초과근무를 제한하고 업무시간을 조정하는 등 자체적인 조치를 지속적으로 시행하고 있는 상황이었고 직원들은 이에 대항하여 출근시간, 점심시간에 시위를 하며 불만을 표시했다. 그들의 집회와 시위를 뉴스나 영상이 아닌 실제로 목격하면서 그들의 방식이 다소 과격하고 살벌하다는 생각에 안타까움도 있었지만 한편으로는 그들의 고충과 역경도 이해할 수 있는 상황이었다. 나는 나름대로 군인이라는 신분으로 치열하게 살아가고 있었지만 어떻게 보면 안정적인 공무원 생활을 하고 있는 것이기도 했다. 치열하게 돌아가고 있는 외부 사회에 대해 느끼고 인식할 수 있었던 사건이었다.

민간에서 활동하고 있는 해군 출신 선배들

조선소에는 해군을 전역하고 취업한 사람들이 꽤 많았다. 실제로 해군 함정을 건조하는 조선소 입장에서는 배를 만들고 시험해보는 과정에서 배를 직접 운용할 수 있는 능력을 갖춘 인재들이 반드시 필요했고 타 조선소와 경쟁해서 수주를 따오는 데 있어서도 해군 내부의 구조를 잘 아는 사람이 필요했기 때문이다.

나는 조선소에서 해군 출신 직원들을 많이 만날 수 있었는데, 해군사관학교 선배들도 꽤 있었다. 해군 출신 선배들과 만나 그들이 전역을 결심하게 된 계기, 조선소에서 일하게 된 계기, 현재 그들의 삶, 이전 군 생활에 대한 이야기 등에 대해 들으며 내 삶과 나를 둘러싼 환경을 다시 둘러볼 수 있었다.

나는 항상 새로운 사람들을 만나 그들의 경험을 듣는 것이 즐거웠기 때문에 그들의 모든 경험과 행동이 흥미롭게 다가오곤 했다. 그들의 이야기를 들으며 현재 군인의 삶을 살고 있는 나 자신을 객관화시켜 되돌아 보며, 군인의 장점과 단점, 군 생활을 하면서 순응해야 할 부분과 타협하고 극복해야 할 부분 등 다양한 개념을 정립할 수 있었다. 나도 나중에 누군가에게 내 경험과 생각을 전달해 줄 수 있는 기회가 생긴다면 내가 그들에게 삶에 좋고 유익한 얘기를 많이 들었던 것처럼, 나도 상대방의 상황에 맞추어 도움이 되는 얘기를 잘 전달하고 싶다는 생각을 한다.

해군 작전사령부 : 해군 작전의 중심

작전사령부에 파견되다

내가 탔던 잠수함 이순신함이 거제 대우조선소에서 오랜 기간 동안 수리와 정비를 하는 동안 조선소에서 수리, 정비와 관련된 대부분의 업무들은 배의 기관과 장비를 담당하는 기관부가 담당했다. 나는 작전부에 있었기 때문에 조선소에서는 타 부서에 비해서 상대적으로 여유가 있었고, 잠수함 부대의 사령부 또한 그렇게 생각했던 것 같다. 나는 대우 조선소에서 근무하는 잉여 잠수함 장교로 분류가 되었는지, 전쟁 연습, 훈련 지원 등 인력이 부족한 부서와 부대에 파견을 가라는 지시가 지속적으로 주어졌고 덕분에 나는 다양한 지역과 부대를 돌아다닐 수 있는 기회를 얻게 되었다.

파견과 출장을 자주 다니면서 내 소속인 이순신함에 있지 못하고 돌아다닌다는 것은 귀찮고 아쉬울 수도 있는 부분이었지만 그런 생각보다는 다양한 부대를 돌아다니면서 새로운 업무환경에 적응하고 다양한 사람들을 만나며 군 내 다른 부서에서 이루어지는 업무시스템을 겪어보는 것에 대한 설렘과 흥분이 더 컸던 것 같다.

그렇게 나는 해군 작전의 중심인 해군 작전사령부에서 약 4개월 간 파견 근무를 할 수 있는 기회를 얻게 되었다.

내가 이순신함을 탔던 기간은 1년 남짓이었지만 내가 군 생활을 했던 다른 해와 비교하면 경험하면서 얻었던 것들이 가장 많았던 1년이었다. 아마 새로운 환경과 경험에 많이 노출되었기 때문일 것이다.

나는 해군작전사령부에서 수중 작전을 담당하는 작전 부서로 파견을 가게 되어 업무를 하게 되었다. 이번에도 나는 새로운 조직 속에서 좋은 인연을 만날 수 있었으며, 업무적으로도 크게 성장할 수 있는 기회를 얻을 수 있었다.

해군작전사령부는 해군본부 예하로 작전권을 가진 해군의 최상위 부대다. 작전사령부는 각 함대 및 예하부대를 관할하며 해군의 모든 업무를 총괄하고 진행한다. 그렇기에 해군에서 이루어지는 대부분의 지시와 지침, 업무들은 작전사령부에서 시달되곤 했는데, 항상 말단 부대인 함정에서 근무하며 지시와 명령을 수행하던 입장에서 반대로 명령을 내리는 작전사의 수중작전과로 파견을 가서 업무를 배우게 되면서 내가 말단 부대에서 주어진 업무를 하면서 알지 못했던 다양한 부분을 경험해볼 수 있었다.

나는 해군작전사령부에서 작전을 지시하고 업무를 지시하는 환경 속에서 포괄적 사고와 작전 및 훈련, 업무의 목적과 필요성에 대해 다시 한 번 깨달을 수 있는 좋은 기회를 얻었다. 그동안 나는 함정을 타면서 '장기 말'로서 전략을 위해 전술적인 명령을 수행하는 역할을 해왔다면 작전사령부는 전략에 따라 '장기 말'을 운용하는 사령탑의 역할을 했다.

수중작전과에서 근무하며 대한민국 해역에서 임무와 훈련을 진행 중인 함정들을 보고 지시하면서 사령부의 역할이 중요하고 대단하다는 생각을 했다. 마찬가지로 현장에서 뛰고 있는 전우들의 노고와 헌신 또한 정말 중요하고 대단하다는 것을 느끼게 되는 경험이었다.

해군 작전사령관의 브리핑 담당

난 작전사령부의 수중작전과로 파견을 갔고 다섯 기수 높은 63기 선배의 빈자리를 채웠다. 물론 선배의 업무를 그대로 하기에는 부족한 점이 많았기 때문에 일부분은 다른 선배들이 나눠서 역할을 분담할 수 있도록 사무를 분장했지만 당시 아직 초급간부였던 나에게는 일부분의 업무조차 마냥 쉽지는 않았던 것 같다.

수중작전과 내에서 내 주요 업무는 작전사령관님께 발표할 브리핑을 만들고 발표를 준비하는 것이었다. 일을 해나가는 데 있어서 다른 선배들이 많은 도움을 주었지만, 그럼에도 내가 반드시 감당해야 하는 부분들이 있었다. 작전사령관님께 보고되는 브리핑 자료를 만들고 사령관님과 참모들 앞에서 브리핑을 하는 것은 내 역할이었기 때문에 직접 내가 해야 만했는데, 여러 사람들 앞에서, 그리고 높은 위치에 있는 사람들 앞에서 브리핑을 했던 경험은 한 번도 없었기 때문에 처음에는 긴장되는 나날의 연속이었다.

해군의 작전사령관은 해군에 몇 없는 중장 계급으로 사람들이 흔히 말하는 쓰리스타였다. 일반부대에서 근무하다 보면 행사가 아니고서는 원스타인 '준장'조차도 보기 힘든 것이 사실이었지만 나는 매일 아침 작전사령관님과 주변의 참모들로 구성된 별들의 모임 속에서 브리핑을 하게 되었다.

처음 직접 사령관님께 브리핑으로 보고를 한다는 사실은 마음에 큰 부담이 되었고 긴장이 되었던 것이 사실이다. 브리핑 자료를 만드는 것 또한 파워포인트를 다뤄본 적이 없었기 때문에 처음에는 시간도 오래 걸리고 끊임없이 선배들에게 도움을 받아야만 했기 때문이다.

나의 첫 발표를 위해서 선배들과 함께 연습했던 것이 아직도 기억이 난다. 선배들은 사령관님 역할을 자처해서 도와 주었으며, 선배들은 귀에 잘 들어오는 목소리 높낮이와 속도, 말투와 자세, 멘트 하나까지도 교정을 해 주었다. 레이저 포인트로 흔들리지 않게 원하는 위치에 쏘기 위해서 연습을 하기도 했고 멘트 또한 종이에 적어서 계속 외우는 등 발표를 준비했다. 또 상관에게 질문이 나올 수 있는 부분에 대해 미리 준비를 하면서 나올 수 있는 질문에 대해서, 때로는 선제적으로 답변을 드리기 위한 자료를 준비하면서 발표를 연습했다.

해군 작전사령부에서 얻은 교훈

내가 행운이라고 느꼈던 점은 브리핑 발표와 관련된 이러한 고민들도 시간이 지나면서 자연스럽게 해소가 되었다는 점이다. 점차 문서작성 능력이 향상되면서 하루 종일 걸렸던 브리핑 자료를 만드는 과정도 조금씩 단축되었고 어렵게만 느껴졌던 작전사령관님과 주변 참모들도 나와 똑같은 사람이라는 사실을 드디어 알게 되었다. 그들은 해군에서 높은 직책과 계급을 가지고 있지만 누군가에게는 아버지, 할아버지, 아저씨였기 때문이다. 그들은 바빴지만 마음에는 항상 여유가 있어 보였고 까마득한 후배인 내가 브리핑을 하면서 실수하는 부분에 있어서도 관대하게 지켜봐 주었다. 이런 준비와 연습, 발표가 반복되면서 사람들 앞에서 발표하는 것에 대한 부담은 조금씩 줄어들게 되었고 발표를 하는 실력 또한 아주 조금씩 성장하고 있었다. 또한 자료를 만들고 준비하는 과정을 거치면서 내가 놓치는 부분을 확인하고, 예상질문에 대한 답변을 미리 준비하게 되면서 내가 아는 지식들도 조금씩 쌓여갔다. 작전사령부에서의 브리핑 경험을 통해 주어진 부담감을 극복하는 방법, 좀 더 꼼꼼하게 확인하며 일하고 실수를 줄이는 방법을 배울 수 있었다.

내가 작전사령부에서 근무를 하며 얻은 또 하나의 교훈은 높은 직급에 위치한 사람일수록 자기관리가 정말 철두철미하다는 것이다. 사령관님을 포함한 작전사령부의 많은 인원들은 많은 업무량으로 인해 밤늦게까지 퇴근하지 않는 경우가 대다수였고 체력은 그들에게 매우 중요한 요소였다. 그래서 저녁시간과 같이 여유시간이 생기면 대부분의 지휘관과 선배들은 러닝머신을 뛰면서 운동을 하는 것이 일반적인 분위기로 형성되어 있었다. 매일 아침 새벽에 출근해서 새벽까지 근무하는 생활은 체력이 받쳐 주지 않으면 감당하기 어려운 것이 현실이었다. 시간이 부족해도 그들이 여유시간을 쪼개 운동하는 모습을 보면서 높은 위치에 올라가기 위하여, 그리고 그 책임을 다하기위하여 건강관리와 자기 관리는 필수라는 사실을 깨닫게 되었다.

나는 지휘관과 선배들이 업무 하는 모습을 지켜보면서 상위 직급으로 올라갈수록 더 바쁘고 힘들다는 것도 알 수 있었다. 부하직원들은 상사가 시키기만 한다고 생각하면서 높은 직책에 올라가면 더 편하게 일을 하고 더 많은 돈을 번다고 생각하는 경우가 있을지 모르지만 실제로 상급자는 훨씬 많은 업무를 관할하고 인원을 관리하며 그에 따르는 결과에 책임을 져야 하기 때문에 더 많은 능력이 요구되고 그에 합당한 보상을 받는 것이 맞다.

내가 본 높은 직책의 선배들은 지속적으로 파악하고 경과를 확인해야 하는 신경써야 할 업무들이 많았으며, 하나의 업무가 몇 개월에 걸쳐 이루어지는 장기적인 프로젝트들도 있었기 때문에 더욱 신경 쓸 일이 많았다.

하지만 선배들이 이런 여러 담당 업무들을 하나씩 차분하게 해결해 나가는 모습을 보면서 업무처리 능력과 정신력 관리, 태도 관리가 정말 중요하다는 것을 느끼고 대단하다고 느꼈다. 역시 아무나 높은 계급을 달 수 있는 것은 아니라는 생각을 했다.

높은 위치에 있는 사람들은 주어진 직책에 걸맞은 능력을 갖춘 사람이어야 하며, 자신의 분수에 맞지 않는 직책을 가진 사람은 결국 자신의 위치로 돌아오기 마련이다. 나는 작전사령부에서 근무하면서 내가 더 높은 직책이 주어지더라도 이를 감당할 수 있는 능력을 키우기 위해 노력해야겠다는 생각을 했고 자기 관리를 철저히 할 것을 다짐했다.

해군 작전사령부에서의 생활

작전사령부에서의 생활은 지금 돌이켜 보면 일이 바쁘다기보다는 가혹했던 것 같다. 내 업무환경은 아침 일찍 6시쯤에 출근하여 밤늦게 퇴근하는 스케줄이었고 나뿐만 아니라 작전사령부에서 근무하는 많은 장교들이 이와 같은 근무 패턴을 가지고 있었다. 일찍 일어나는 새가 벌레를 잡는 것과 같이 일찍부터 근무해야 일을 더 할 수 있었기 때문이었다. 이런 근무 패턴은 살면서 처음 겪었기 때문에 처음에는 내 시간이 없다는 것과 부대에서만 오래 있는 사실에 대해서 회의감을 느끼곤 했었다.

하지만 선배들의 멋진 모습을 보면서 나도 남는 시간을 통해서 운동하고, 공부하면서 시간을 활용하려고 노력했다. 파견 기간도 상대적으로 길지 않았고 근무하며 다른 일들도 겪게 되면서 그 시도가 오래 유지되지는 못했지만 평생 공부하고 운동하며 자기계발을 하면서 살아야 한다는 생각을 하게 된 지금, 이때가 첫 단추를 꿴 시점이라는 생각이 든다.

작전사령부의 수중작전과에서 근무하면서 좋은 선배들을 만날 수 있었는데, 나는 해군에서 근무하면서 좋은 사람들을 많이 만났던 것 같다. 멋지고 좋은 사람들과 함께 할 수 있었던 것은 큰 행운이다. 같은 부서의 선배들 또한 같은 잠수함 장교였기 때문에 뭔지 모르는 동질감과 친근감이 더 들었던 것도 사실이지만 선배들의 인성과 성품이 정말 훌륭했기 때문에 자연스럽게 따르게 되었다.

그들은 나와 기수 차이가 상당히 났음에도 불구하고 나와 같은 시선에서 대화를 하고자 노력해 주었으며, 내가 모르는 부분에 대해서는 항상 적극적으로 도와 줬기 때문에 의지를 많이 했던 선배들이기도 했다. 선배들 또한 아침부터 하루 종일 부대 안에 있는 것이 생활이었으므로 같은 환경 속에서 그들과 함께 밥도 먹고 이런저런 얘기도 하면서 즐겁게 웃으면서 생활할 수 있었다.

과장님 또한 해군 내에서도 대표적인 호인 중 한 명이었는데, 항상 배려해 주시고 신경 써 주셨기 때문에 감사한 마음으로 근무할 수 있었다. 역시 업무가 얼마나 힘든지보다는 어떤 사람들과 함께 근무하느냐가 더 중요하다는 걸 다시 한 번 느끼게 된 경험이었다.

해군작전사령부는 부산에 있다. 해군의 모든 부대는 바다를 끼고 있어서

부대마다 펼쳐진 바다의 광경을 바라보는 것 또한 즐거움 중 하나다.

작전사령부의 위치는 경성대학교, 부경대학교와 근접해 있었고 부산의 대표적인 명소인 해운대와 광안리와도 거리가 가까운 편이었다. 쉬는 날이면 대학가를 거닐며 대학생이 된 기분에 취해보거나, 바다를 거닐며 혼자 감상에 빠져보기도 하고, 부산의 벡스코에서 행사를 하면 들려서 구경도 하는 등 다양한 경험을 했다. 집에서 쉬는 것도 충분히 매력이 있지만, 밖에서 새로운 것들을 구경하는 것도 정말 매력적인 경험이었던 것 같다.

작전사령부에서 근무하던 나와 내 동기들은 날을 잡아 벡스코에서 개최하는 지스타에 참가하기도 했는데, 지스타는 한국콘텐츠진흥원에서 주최하는 게임행사로 각종 게임업체가 부스에 등록하고 참가자들이 이를 체험해 볼 수 있는 게임 박람회였다. 거리에는 코스프레를 하는 사람들도 많아 볼거리가 많았고 나와 동기들은 각종 게임을 실제로 해보기도 하고 보드게임을 하기도 하는 등 즐거운 시간을 보냈다. 빡빡한 생활 속에서 쉬는 날에 동기들과 함께 즐거운 추억을 쌓았던 것은 소소한 즐거움이자 행복이었다.

한배를 탄다는 것

우리는 하나다

흔히 같은 상황을 맞아 이를 함께 해결해 나가고자 하는 사람들을 가리켜 '같은 배를 탔다.'라고 말하곤 한다. 같은 배를 탄다는 것은 같은 배 위에서 함께 항해한다는 뜻이며, 이후의 판단과 결정, 행동에 대한 책임 또한 함께 진다는 뜻으로 풀이된다.

같은 배를 타게 된 이상 조직 전체의 위험과 책임은 곧 나에게 영향을 미치기 때문에 각 소속 대원들은 자기중심적인 사고와 행동보다는 조직 전체를 위한 사고와 행동을 해야 한다. 그리고 때때로 전체를 위해서 본인이 희생하는 부분이 생기게 되기도 한다.

해군으로 근무하면서 함정을 타게 되면 우리는 말 그대로 한배를 타게 된다. 같은 배를 타게 되었기 때문에 승조원들은 운명공동체가 되어 함께 함정을 운용하고 앞으로 전진해 나가며 임무를 수행한다. 해군의 경우 한 함정에 적게는 수십 명에서 많게는 백 명이 넘는 승조원들이 탄다. 그 많은 인원 중 불필요한 직책과 역할은 하나도 없다. 승조원 모두가 자신의 역할을 충실하게 수행해야만 이상 없이 배가 운용되고 항해할 수 있기 때문이다. 개인의 역할은 조금씩 다르지만 서로 긴밀하게 연결되어 있기에 서로에 대한 이해와 존중이 요구되며 협조가 당연시 되는 환경이 조성된다. 그리고 이러한 관계는 한배를 탄다는 소속감과 동질감으로 이어져 강한 신뢰와 협동성을 구축하게 만드는 경우가 많았다.

함정에서는 승조원들의 협동심이 무엇보다 중요한 요소다.

함정 안에서는 모든 개인이 서로 도움을 주고받아야 하기 때문에 협동성이 강조된다. 함정 특성상 운용을 할 때, 여러 명이 함께 조화를 이뤄야 하는 만큼 문제가 발생했을 경우에도 혼자서 해결하기 어렵고 다른 부서 및 인원들과 협조해서 해결해야 하는 업무들이 많기 때문이다. 함정의 승조원들은 서로 도우며 일해야 한다는 사실에 대해서 공통적, 보편적인 인식이 형성되어 있기 때문에 업무 협조는 원활하게 이루어지는 편이었으며, 이런 부분은 처음 장교생활을 하면서 부족한 점이 많았던 내가 함정과 관련된 지식을 습득하고 선배를 포함한 승조원들에게 적극적으로 도움을 받아 빨리 적응하여 내 역할을 해 낼 수 있었던 이유 중 하나가 되었다.

그들의 입장에서도 내가 내 역할을 확실하게 해낼 수 있어야 그들 또한 나로부터 도움을 받아 그들의 일이 더욱 수월해지기 때문에 더욱 협조적으로 도움을 주게 되었던 것 같다. 물론 이해타산에 따른 의도보다는 전우애와 이타심이 우선이었다고 생각한다.

조직을 이루어 한배를 타고 함께 항해하면서 같은 환경 속에서 다양한 상황을 접하고 이를 하나씩 해결해나가며 희로애락을 함께하다 보면 소속감, 동질감을 느끼고 서로에게 애정을 느끼게 되는 것은 당연한 사실이다. 특히 해군은 배를 타면서 대한민국을 지키고 목숨을 담보로 함께하는 사람들이었기에 경비 임무를 마치고 복귀하는 날이면 별 탈 없이 복귀할 수 있었음에 감사했고 동료들과 함께 임무를 수행했기에 그것이 가능했음을 인정하게 된다. 그러면 자연스럽게 동료들에게 감사한 마음과 유대감이 생기곤 했다. 마음이 잘 맞아 팀워크가 잘 맞는 부대원들과 함께 하다 보면 대한민국에서 우리의 팀워크가 최고라는 자부심을 느끼는 경우도 있었다. 유쾌하고 훈훈한 분위기에서 선배, 대원들과 회식을 함께하다 보면, 배를 타지 않았다면 이런 좋은 사람들과 함께 모여 유대감을 느낄 수 있었을까 싶은 생각이 들었던 적이 많았다. 전역을 하게 된 지금, 그때와 같은 감정을 다시 겪을 수는 없을 것 같다는 생각을 하지만 나중에 조직을 만들어 이끌게 되는 입장이 된다면 한배를 타고 함께하는 입장에서 구성원들 사이에 끈끈한 유대감과 신뢰, 애정과 우정을 나눌 수 있는 조직을 만들어보고 싶다는 생각을 한다.

인사이동 시기가 되어 다른 직책을 부여받고 배를 내리게 되는 상황에서는 기존 생활의 정리와 함께 새로운 환경의 변화가 기다리고 있기에 다양한 감정이 교차하게 된다. 그런 감정들 중에서 가장 아쉬웠던 부분은 고맙고 좋은 추억을 함께 했던 좋은 동료들과 이별하여 다음을 기약해야 한다는 사실이었다. 아쉽다는 건 좋은 사람들과 만나는 행운을 누렸다는 걸 의미한다. 그래서 또 한 번 감사하게 된다.

해군이 자주 쓰는 말 중에는 "우리는 하나다!"라는 구호가 있다. 해군사관학교 생도시절부터 이 구호를 써왔음에도 그 진정한 의미를 알게 된 것은 장교로 임관하여 배를 타고난 이후였던 것 같다. 하나가 될 수 있는 '우리'가 있었음은 나에게는 큰 행운이었다.

한통속 사람들

배를 타면서 "한배를 탄다!"라는 말의 의미를 깨달았다면 잠수함을 타면서는 "한통속이다."라는 말의 의미를 깨닫게 된다. 상당한 기간을 한 통 속에서 함께 보내며 좁은 공간에서 하루 종일 같이 생활하다 보면 서로에 대해 더 많은 것을 공유하고 이해하게 된다. 서로의 성향과 습관, 호불호에 대한 요소들을 알게 되고 이에 대한 이해가 공유되면서 자연스럽게 서로를 더욱 존중하고 배려하게 된다. 좁은 한 통 속에서 함께 항해하며, 서로를 배려하는 적정거리에 대해 알게 되었고 인간관계 능력에도 더욱 진전이 있었다.

소음이 통제되는 좁은 잠수함에서 생활하면서 스트레스를 받거나 조금 더 예민해지는 사람들도 있었고, 반대로 이타적인 모습을 보여 주는 사람들도 있다. 이들과 서로 얽혀 생활하면서 개개인마다 조금씩 다른 관계의 적정거리를 맞춰가면서 더 가까워질 수 있있던 경험은 거리가 가까울수록 관계 또한 가까워지는 것이 아니라 적정거리에서 더 가까워질 수 있다는 사실을 깨달을 수 있었던 소중한 경험이었다. 잠수함을 타는 동안 시행착오를 겪으면서 인간관계에 대한 나의 생각과 통찰도 조금씩 성장해갈 수 있었던 기회가 되었다.

'한통속'이라는 말을 사전에서 찾아보면, '서로 뜻이 맞아 어울리는 무리'를 뜻하며 주로 부정적인 의미를 내포한 문구로 쓰이는 경우가 많다. 하지만 사실 한통속의 사람들이 모두 같은 생각과 마음을 품는다는 건 불가능에 가깝다.

반대로 하나의 조직 구성원들이 '한 통 속'의 사람이 될 수 있다는 것이 그들이 같은 방향성과 생각을 품기 위한 수많은 노력과 구성원들 간의 이해와 존중과 배려가 있어야만 가능하다는 부분에 초점을 맞추어 보면 멋진 의미가 된다.

난 잠수함을 타면서 좋은 선배들, 대원들과 함께 근무했다. 나는 그들 사이에 섞여 '한통속'이 되고 싶었다. 나는 닮고 싶은 그들의 장점을 배우기 위해 노력했고, 이런 노력이 누적되어 또 다른 내 성장의 양분이 되었기를 희망한다. 잠수함이라는 '한 통'은 내게 자부심이자 구성원들과 행복한 경험을 공유했던 감사의 공간이었다.

국군정보사령부 : 충성은 금석을 뚫는다

인생의 전환점에 서다

내 군 생활 중 인생의 가장 큰 전환점이 있다면, 첫 번째는 순항훈련이며 두 번째는 정보사령부에서 근무했던 경험이다. 나는 해군 잠수함사령부에서 잠수함 승조원으로서 근무를 마치고 난 뒤 정보사령부에서 근무할 기회를 얻게 되었고, 정보사령부 내 해군부대의 일원으로서 장비를 인수하는 업무를 수행하게 되었다.

정보사령부는 국군부대로서 육해공군이 통합되어 구성된 조직이며, 국군의 첩보부대로서 군의 정보, 보안과 관련된 업무를 수행한다. 한국전쟁에서 전세를 역전시켰던 인천상륙작전의 사전공작과 첩보작전 또한 정보사령부 성과 중 하나다.

난 정보사령부에서 근무할 수 있는 기회를 얻게 되었다는 사실에 감사함을 느꼈다. 육해공 삼군이 통합되어 운용되는 부대는 상급 부대가 아닌 이상 거의 없었고, 해군에게 정보사령부에서의 근무는 장기간 군 생활을 하더라도 근무해볼 가능성이 매우 낮은 부대였기 때문이다.

당시 중위라는 계급을 가진 나와 같은 초급장교가 통합부대에서 근무할 기회를 갖는 경우는 거의 없었다는 점도 매력적으로 다가온 부분이었다. 이러한 특징과 함께 삼군이 모인 정보사령부는 해군과 어떻게 다른 시스템으로 부대가 운영되는지 관심이 있었다. 내가 속해 있던 부대는 정보사령부 내에서도 해군 비율이 높은 부대였지만 상급부대, 타 부대와 소통하면서 타군의 다양한 사람들과 업무를 협조하는 것은 재미있는 경험이었다. 나는 정보사령부에서 근무하면서 타군에 대한 이해도를 높이고 타군에서 해군을 바라보는 다양한 시각들도 접할 수 있었다.

해군이라는 강물 속에서만 있었던 내가 국군이라는 바다에서 근무하고 생활할 수 있었던 기회는 국군 내에서 해군의 역할과 가치에 대해서 다시 한 번 돌이켜보게 만드는 계기가 되었으며, 그 안에 몸담고 있는 나 자신에 대해서도 많은 생각을 하도록 만들어 주었다. 다양한 종류의 자극과 새로운 시선은 내가 더 폭넓은 사고와 생각을 할 수 있는 기회를 주었다.

부서장으로서의 무게

나는 처음으로 정보사령부 부대에서 근무하면서 부서장 역할을 수행하게 되었다. 내가 주체적으로 업무를 추진하여 진행 경과를 확인하고 부대장에게 주요사항을 보고하는 경험을 하면서 내가 진짜 부서장이 되었다는 것을 느낄 수 있었다.

인수하는 장비와 관련된 의제가 회의에서 나올 때면 주관 부서의 부서장으로서 의견을 힘 있게 개진하기도 하면서 부서장이 되었음을 체감했다.

나는 부서장으로서 장비 인수에 대한 진행상황을 지속적으로 확인하고 있는 부대의 유일한 장교였기 때문에 그만큼 책임감을 가지고 업무에 임해야만 했다.

나는 부서장의 직책을 수행하면서 부대장에게 업무추진 계획과 결과를 보고하고 정기적으로 작성해야 하는 문건들을 반복해 작성하면서 보고서 작성 능력을 키울 수 있었다. 또 업무보고를 위해서 예상되는 질문을 미리 예상해 보며 답변을 준비해보고 부대장님의 전혀 예상치 못한 질문에 다시 또 공부하고 확인하는 절차를 반복하면서 좀 더 꼼꼼하게 일을 처리하고 더 많이 공부할 수 있는 계기가 되었다.

우리 부서는 아직 장비가 인수되지 않은 상태였기에 선발대로서 소수의 인원만 증원되었으며, 성공적인 인수를 위해 경험이 풍부한 베테랑 부서원으로 구성되었다. 준위, 원사, 상사로 이어지는 부서원들은 군 생활이 길지 않았던 나에게 조금은 부담으로 다가왔지만 워낙 훌륭한 베테랑들이었던 만큼 전문성 있게 업무를 처리하는 분들이었기 큰 문제없이 서로 협조하며 함께 업무들을 하나씩 처리해나갈 수 있었다. 나는 우리 부서와 부서원들을 대표해 목소리를 냈으며, 그들의 고충을 듣고 문제를 해결하기 위해 노력했고 마찬가지로 그들은 나의 부족한 부분을 채우며, 서로를 믿고 의지하는 관계로 발전할 수 있었다.

내공이 쌓인다는 것

초급장교는 업무와 생활에 있어서 대부분의 상황들을 처음 접하기 때문에 어떤 일을 하더라도 더 어렵게 느껴지는 것 같다. 잘 해보겠다는 생각으로 뭐든지 열심히 하지만 어설픈 경우가 대부분이다. 하지만 어설프기 때문에 이를 극복하기 위해 더 많은 노력과 열정과 패기가 요구된다. 부족하지만 열심히 하고자 하는 진심과 노력은 모든 사람에게 통하기 때문이다.

연차가 늘어나면서 조금씩 누적되는 배경지식들과 다양한 상황을 접했던 경험은 우리를 노련하게 만들어 주며, 새로운 업무와 생활에 적응하는 시간을 단축시키고 의식적인 노력을 감소시키며 결과물을 덜 어설프게 만들어 준다. 이것이 군 생활 속의 내공이다. 군인들은 각자 자신의 상황 속에서 경험을 축적해나가며 내공을 쌓아간다.

해군장교들은 다양한 직책을 수행하면서 끊임없이 새로운 업무와 생활 환경에 적응해 나가야만 한다. 1~2년마다 이루어지는 인사이동은 장교들이 다양한 경험을 쌓으면서 훌륭한 지휘관이 되기 위한 필수적인 과정이었으며, 여러 함정을 탔던 경험과 다양한 보직에서 업무를 수행했던 경험은 지휘관에게 큰 강점이 될 수 있었다. 장교들에게 인사이동이 꾸준히 이루어진다는 말은 주기적으로 새로운 환경에 맞추어 적응해야 한다는 뜻이었으며, 군 내에는 워낙 다양한 업무들이 존재했기 때문에 이를 처음부터 배울 필요가 있었다.

내공은 모든 것이 새로운 상황에서 일찍이 적응하고 돌발 상황에 당황하지 않고 능숙하게 대처할 수 있는 여유를 가져다 준다. 모든 일들은 세부적인 부분에 차이가 있지만 전체적인 흐름을 꿰뚫는 본질이 있으며, 다양한 경험을 통해 이에 조금씩 다가가게 되면서 처음 해보는 일도 그럴듯하게 해낼 수 있는 능력이 생기게 된다. 나 또한 처음 소위로 임관했을 때와 전역하기 전 대위로서 새로운 직책을 맡았을 때를 비교해보면, 똑같이 처음 해보는 일을 하더라도 덜 당황하면서 어떻게든 해낼 수 있었던 것 같다.

장비인수 업무에서 얻은 삶의 교훈

내가 인수하던 장비는 현대중공업에서 주관해 제작했다. 현대중공업에서는 이를 외주를 통해 제작을 했으며, 외주업체는 다시 하청업체를 통해 장비 제작을 위한 설계와 자재, 프로그램, 전자장비 등을 조달하고 제작했다. 우리 부서원들은 운용부대 및 인수부대의 대표로서 현대중공업에서 매월 주관하는 제작회의에 참가하였으며, 현대중공업 담당자와 제작업체 및 하청업체의 담당자들과 함께 진행경과를 확인하고 세부사항에 대해 의견을 맞추어나갔다. 우리 부서에서는 제작 단계별로 운용자로서 운용에 문제가 될 수 있는 부분에 대한 부대의 요구를 개진했으며, 서로의 의견을 조율하고 맞춰나가는 과정을 통해 장비에 대한 전문성 또한 키워나갈 수 있었다.

장비 제작회의에 참가하기 위해 정기적으로 현대중공업이 위치해 있는 울산과 외주업체가 있는 세종시에 출장을 가면서 다양한 업체에서 일하는 담당자들을 만나는 것은 흥미로운 경험이었다. 민간업체에서 수주를 받아 어떤 식으로 장비를 제작하고, 회의를 통해서 어떻게 개선점을 도출하고 해결해나가는지도 직접 확인할 수 있는 좋은 기회였으며, 하청업체에 부품을 의뢰하여 종합하고 훈련장비를 구성하는 세부 장비를 담당하는 회사의 실무자들이 와서 서로의 의견을 조율했던 모습도 인상적이었다.

내가 지속적으로 회의에 참가하면서 얻을 수 있었던 가장 큰 수확은 공사가 진행되는 과정을 직접 경험할 수 있었다는 점뿐만 아니라 공사 진행의 근거가 되는 계약서와 관련 근거를 철저하게 확인하는 방법을 익힌 것이다. 장비 제작을 위한 계약서부터 시작해 만드는 과정과 이후 운용에 영향을 미치는 여러 관련 근거와 문서들을 확인해야 했으며, 근거 안에 명시된 문구 하나하나를 확실하게 확인하고 해석의 차이점이 생기는 부분에 대해서 서로의 입장을 조율하고 이해를 일치시키는 과정을 통해 혼란을 줄이는 것이 반드시 필요한 절차라는 것을 배우게 되었다. 이 과정에서 구성원 간 갈등이 생기기도 하고 시간과 에너지를 소모하기도 하지만 이후에 발생할 수 있는 문제를 사전에 차단하고 오해의 소지를 줄임으로써 결과적으로 진행 공정을 훨씬 단축시킬 수 있다는 사실을 알게 된 것이다.

회의 담당자들은 관련 근거를 수정해 나가고 새로 만들어가는 과정을 통해 서로의 의견을 하나로 조율했다. 나는 장비를 인수하여 운용하는 실무자의 입장을 대변하기 위해 관련 근거들의 내용을 꼼꼼히 살펴보아야 했다. 상대적으로 어린 나이에도 불구하고 회의에 참가하면서 각 업체의 대표자들과 동등한 지위를 가질 수 있었는데, 40~50대의 업체 담당자들은 운용부대의 대표로 회의에 참가한 나의 의견을 존중해 주었으며, 화기애애한 분위기 속에서 회의가 진행되었고 나는 장교로서, 부서의 대표로서 내 역할에 맞는 전문성을 갖추기 위하여 노력했다.

메커니즘으로서의 관련 근거

나는 관련 근거를 통해 제작되는 훈련장비의 과정을 지켜보면서, 문득 사람의 표현 또한 같은 메커니즘으로 구성된다는 생각이 들었다. 우리는 각자의 수많은 경험을 통해 얻은 가치관과 생각, 습관으로 구성된 개인적 관련 근거를 가지고 있으며, 이에 입각하여 무의식으로 전환된 형태인 말과 행동으로 표현한다. 나의 말과 표정, 행동으로 인해 다른 사람과 생기는 충돌과 마찰은 결국 내 행동의 근간이 되는 가치관과 생각, 습관이라는 관련 근거에서 비롯되는 것이기 때문에 우리는 서로의 의견차를 좁히고 오해를 방지하며 성공적인 의사소통을 하기 위해 각자의 관련 근거들을 지속적으로 수정하고 개정할 필요가 있다.

인간관계에 있어 나타나는 갈등과 충돌은 서로의 생각을 조율하고 오해를 줄일 수 있는 효율적인 수단이며, 이후 관계를 더욱 잘 유지할 수 있게 만드는 뿌리가 된다.

인간관계에서 발생하는 모든 문제의 발단은 내 안에서 시작된다. 나를 다스리고 나의 생각과 사고를 바꾸면 이는 무의식적으로 말과 행동으로 표현되며, 이에 따라 외부의 피드백은 달라지기 마련이다. 시행착오를 통해 개선된 나의 가치관과 생각, 습관은 앞으로 내 인생 전체에 지속적으로 긍정적인 영향을 미치게 될 것이다.

삶의 전환점에서 되돌아 보기

다시 얻은 삶의 여유

국군정보사령부에서의 나의 직책은 주요 업무였던 장비인수와 공정회의 참가, 지침서, 교안 작성과 관련된 업무를 제외하고는 바쁘지 않았다.

장교생활 4년 차에 얻을 수 있었던 생활의 여유는 해군사관학교의 순항훈련과 같이 내 인생의 전환점이 되었다고 할 수 있을 만한 삶의 태도와 행동의 변화를 이끌어 주었다.

처음 두 달 동안은 다른 것을 시도할 겨를도 없이 바빴던 일상에서 벗어나 여유가 생겼다는 생각에 마냥 좋아 쉬면서 시간을 보냈다.

하지만 쉬는 것도 시간이 지나니 자연스럽게 따분해졌다. 바쁜 생활 속에서 휴식은 삶의 건강과 활력을 주지만 휴식이 지속되면 삶은 나태해지고 무력해진다. 바쁘게 사는 삶이 오히려 삶을 더욱 활기차고 건강하게 만들어 준다는 사실을 알게 되었다.

운동

다시 찾은 삶의 여유 속에서 시작한 다양한 시도 중 첫 번째는 운동이다. 잠수함 교육을 받던 시기에 헬스, 수영, 골프 등 여러 운동을 꾸준히 했고 그 운동의 효과로 삶에 나타났던 활력과 가벼워진 몸에 대한 긍정적 기억이 남아 있었기 때문에 잠수함 생활을 하면서 꾸준히 하지 못했던 운동을 다시 해 보기로 했다. 나는 달리기와 웨이트를 꾸준히 하면서 그 양을 조금씩 늘려나갔는데, 시간이 지나면서 조금씩 효과가 나타나기 시작했다. 신체적으로 좋은 몸과 건강을 얻을 수 있었고, 가벼워진 몸과 자신감은 일상에 활기를 불어넣어 주었다.

운농은 스트레스를 건전하게 풀 수 있는 가장 효율적인 방법이며, 조금씩 강도와 양을 늘려가면서 얻는 성취감 또한 내 자신감과 자존감을 성장시키는 데 큰 도움을 주었다. 운동 후에 흘리는 땀은 상쾌함과 보람을 주었고 나태해지는 마음을 이겨내며 꾸준히 하게 된 운동은 나 자신을 이겨내는 자기관리이자 나 자신을 통제하는 경험이 되었다.

UDT 훈련 사진, 건강한 신체에 건강한 정신이 깃든다.

사람은 건강한 신체 속에서 건전한 사고와 긍정적인 생각, 마음의 여유를 키워나갈 수 있다. 이때 시작한 운동은 전역을 하고 지금까지도 이어지는 습관이 되었고 나는 꾸준한 자기 관리를 통해 변화하는 내 일상의 변화와 선순환을 직접 실감하면서 평생 꾸준히 운동하면서 살아야겠다는 다짐을 하게 되었다.

공부

나는 두 번째로 공부를 시작했다. 대부분의 사람들은 초등학교시절부터 대학교, 취업에 이르기까지 쉬지 않고 공부를 한다. 취업 이후에도 공부는 지속되는 경우가 많지만 공부를 하는 이유가 나 자신의 개인적인 발전과 성장보다는 시험이 있어 공부를 해야만 하는 상황에서 좋은 성적을 받기 위해, 좋은 대학에 가기 위해, 좋은 직장에 취직하기 위한 공부로 초점이 맞추어져 있다. 그래서 대학에 들어가고 직장에 취업하게 되면 오랜 시간 공부를 해야 했던 상황에 질려버린 사람들은 소모적으로 시간을 허비하고 더 이상 공부를 통한 자기계발을 하려고 하지 않는 것 같다.

나 또한 크게 다르지 않았다. 사관학교에 들어가면서 더 이상 열심히 공부하지 않아도 괜찮을 것이라고 생각했던 예상과 달리 공부는 끊임없이 계속해야 만하는 의무가 되었으며, 임관을 해서 장교로 근무하는 동안에도 해야 하는 공부는 줄어들지 않았다. 물론 계속해서 공부를 하면서도 내가 원해서 공부를 한다기보다는 그냥 해야 만한다는 의무감이 더 컸었던 것 같다.
나는 해군사관학교 생도시절 순항훈련을 하면서 불확실한 미래를 준비하고자 다짐했었던 순간을 상기하며 나 스스로 필요하다고 느끼는 공부를 시작했다.
나는 다양한 분야에 공부를 시작했다. 한국사 자격증, 한국어 능력 평가, 컴퓨터 활용능력, 워드프로세서, 토익 등 여러 자격증과 성적을 얻기 위해 하나씩 공부했다. 이런 자격증과 성적이 미래에 나의 스펙이 될 수 있을 것이라는 생각도 들었지만 새로운 분야에 대한 지식을 얻는 것 자체가 즐겁기 때문이었다. 다양한 분야에 대한 지식을 갖추는 것은 내 사고력 확장에 도움을 주었으며, 이는 또다시 호기심으로 이어져 더 많은 학습으로 이어졌다. 때로는 모르는 부분을 찾아 천천히 공부를 하기도 하고, 재미없는 부분은 넘기기도 하면서 공부 자체의 즐거움을 알게 되었다.

학습을 통해 얻게 된 새로운 지식은 현재 사용될 수 있는 지식이 아니더라도 미래의 어느 순간에 언제든지 활용될 수 있다. 많이 안다는 것은 그만큼 더 넓은 폭에서 다양한 변수를 토대로 사고를 가능하게 하며, 꾸준한 학습을 통해 성장하는 사고는 마음의 여유와 자신감으로 승화된다. 내가 자격증을 따면서 얻을 수 있었던 조그만 성취감들은 삶의 활력과 자신감을 가져다 주었고, 평생 학습하면서 살아야 한다는 교훈을 주었다.

책과 강연

이어지는 세 번째 시도는 내가 책을 읽고 강연을 듣게 된 사실이다. 책과 강연은 한정되어 있는 우리의 삶 속에서 여러 삶을 느끼고 체험하며 살 수 있는 경험을 제공한다. 우리는 책과 강연을 통해 다른 사람의 경험과 전문지식을 얻을 수 있으며, 다양한 감정을 느끼며 우리의 생각과 감정을 더욱 풍성하게 채워나간다.

책과 강연은 다른 사람이 오랜 시간을 거쳐 얻을 수 있었던 삶의 교훈과 통찰력을 배울 수 있도록 해 준다. 다른 사람이 책을 쓰고, 강연을 만들기 위해 자료를 만들고, 대사를 쓰고, 공부하는 그들의 노력은 적게는 수 시간에서 많게는 수 일, 수 십 년, 평생에 걸친 경험과 학습이 담겨 있기 때문이다.

나는 책과 강연을 통해 그들의 오랜 투자를 통한 재산을 겨우 몇 시간을 통해 얻을 수 있으며, 반복적으로 읽음으로써 내 삶에 녹일 수 있는 기회를 얻을 수 있다. 이 과정을 통해 내가 얻은 것을 얼마나 이해하고 내 삶에 적용시켜 변화시키느냐는 별개의 문제이지만 책과 강연을 통해 내가 스스로 성장할 수 있는 가능성이 더 높아질 수 있다는 사실을 깨닫게 되었다.

이때 이후로 나는 내가 잘 모르는 분야와 관심 있는 주제와 관련된 책과 강연 영상을 종종 본다. 세상의 훌륭한 사람들이 책을 항상 가까이 했다는 사실은 나에게 귀감이 된다.

메모

네 번째는 메모하는 습관을 가지게 되었다. 내가 학습과 독서, 강연을 듣는 것을 시도하면서 가장 크게 느꼈던 부분 중 하나는 사람의 기억력은 유한하며 금방 망각한다는 사실이다.

나는 이를 극복하기 위해 메모를 하기 시작했다. 나는 이후로 항상 공책을 들고 다니면서 겪은 일이나 느낀 점을 일기로 쓰기도 하고 문득 떠오른 생각에 대해서 적거나 새로운 아이디어에 대해서 적게 되었다. 나는 책과 강연을 보고 정리를 하면서 꾸준히 공책에 내 생각과 감정을 기록하며 채워나가기 시작했고, 이렇게 한 장씩 채워나갔던 공책은 어느새 여러 권이 되어 다른 무엇과도 바꿀 수 없는 귀중한 나의 재산이 되었다.

메모를 통해 종이에 내 생각과 감정을 정리하는 과정 속에서 나의 생각과 감정은 더욱 정리되고 구체화된다. 그리고 나의 깨달음과 생각을 적어놓고 이를 다시 읽는 과정을 반복하면서, 메모는 정립된 생각을 장기기억과 무의식의 영역으로 전환시키는 기회를 준다. 메모는 내가 얻은 지식을 담아두는 것과 동시에 내가 얻은 지식을 통해 내가 변화하도록 만드는 효율적인 수단이다.

현재의 나는 과거의 내가 축적되어온 산물이다. 과거의 나에게 일어난 다양한 사건과 경험을 통한 지식과 생각은 하나씩 쌓여 현재의 내가 되었다. 그리고 메모는 현재의 내가 과거의 나와 대화할 수 있는 가장 효율적인 소통방식이다.

나는 과거의 내 메모를 통해 과거의 나를 떠올리고 현재 성장한 내 모습을 발견한다. 과거에 문제였던 부분이 더 이상 문제가 아닌 것을 느끼며 스스로 성장했음을 깨닫고 메모를 통한 과거와 현재의 나 사이의 상호작용 속에서 새로운 사고의 확장과 함께 나 자신에 대한 이해를 발전시킨다. 나 자신에 대한 이해는 곧 사람에 대한 이해이며, 사람에 대한 이해를 지칭하는 인문학은 우리 삶의 인간관계, 사업, 투자, 심리 등 사람 사이에서 이루어지는 모든 영역에 영향을 미친다.

인문학을 가장 잘 공부할 수 있는 표본은 나 자신이다. 우리는 나 자신을 되돌아보면서 세상에 대한 통찰력을 기를 수 있으며, 다양한 경험 속에 나를 노출시키고 이를 되돌아보는 과정을 통해서 끊임없이 성숙하게 된다.

기록은 정보의 저장 역할이 아닌 지혜의 실물이다.

미래를 준비하는 시간들

생활의 변화 속에서 내가 얻을 수 있었던 시간과 여유는 내가 새로운 것들을 시도할 수 있는 여건을 마련해 주었고 운동과 학습, 독서와 강연, 메모 등을 꾸준히 하면서 생기는 꾸준한 자극은 내 사고의 폭을 확장시키고 가치관을 지속적으로 발전시켰다. 이러한 가치관의 변화는 내 무의식에 반영되어 내 말과 행동의 변화로 이어졌으며, 내 언행의 변화는 외부의 피드백의 변화를 가져왔고 결과적으로 나의 삶을 긍정적인 방향으로 변화시켰다. 그리고 내 삶에 활력이 생기고 자신감과 자존감이 높아지는 것을 체감하면서 이를 지속할 수 있는 동기를 부여받는 선순환이 생기게 되었다.

내가 새롭게 시도했던 요소들은 내 삶을 긍정적인 방향으로 이끌어 줄 수 있는 핵심 습관이다. 그리고 이 습관을 지속적으로 실천하는 노력은 내 인간관계와 삶, 건강과 부, 행복을 이끌어 줄 것이라 생각한다. 정보사령부에서 얻을 수 있었던 생활에서의 여유는 앞으로의 내 인생에 중요한 요소들에 대한 가치를 정립하고 방향성을 설정할 수 있는 계기가 되었으며, 결과적으로 내 삶을 바꾸게 해 주었다. 여전히 많이 부족한 사람이지만 한 걸음씩 앞으로 나아가고 있음을 느끼며 더 나은 미래를 만들어갈 수 있을 것이라 희망한다.

동기라는 존재

나는 생도시절부터 자연스럽게 동기들과 생활하면서 조직생활을 경험했다. 나를 비롯한 생도들은 사관학교에서 동기를 비롯한 선후배들과 함께 생활하면서 단체생활을 배웠으며, 그 중에서도 가장 큰 영향을 미쳤던 것은 당연 동기들이었다.

사람이 태어나자마자 가장 먼저 가정이라는 공동체에 속해 살아가는 것처럼 사관학교에서는 동기들, 그 중에서도 룸메이트들은 마치 가장 기초적인 가족과 같은 관계가 된다. 물론 마냥 즐겁고 쉬운 관계만은 아지만, 그럼에도 우리는 동기들과 함께 생활하면서 때로는 즐겁고 슬퍼했으며, 싸우기도 하고 화해하는 과정을 반복하면서 서로에 대해서 더 많이 이해하고 배려하며 더 깊은 관계가 될 수 있었다.

동기들은 생도생활을 하면서 지치고 피곤한 하루 일과를 수행하는 동안 서로 공감해 주고 의지를 북돋아주며 에너지를 채울 수 있는 좋은 동료였으며, 서로를 챙기고 지원하면서 힘든 상황을 하나씩 해결해 나갔다. 아무리 힘든 상황에서도 함께 하며 이겨낼 수 있다는 동료들의 존재는 그 자체로 큰 위안이 되었으며, 이렇게 동기들과 함께하며 이겨낸 시간들은 추억이 되었고, 조금씩 내면에 누적되어 학교를 졸업하고 임관한 뒤에도 힘든 상황을 이겨낼 수 있는 자양분이 되었다.

물론 동기들이 항상 내게 힘을 주는 존재였던 것처럼 나 또한 생활 속에서 그들에게 힘이 되기 위해 상대방을 이해하고 배려하기 위해 노력했다. 사관학교는 이런 과정을 통해 상대를 배려하고 서로를 이해하고 응원하기 위한 끊임없는 노력이 필요하다는 걸 깨닫게 해 준 성숙의 공간이기도 했다.

룸메이트가 미치는 영향

같은 중대의 동기들과는 각종 집합과 훈련, 교육, 생활을 함께 하기에 더 가까운 관계가 된다. 룸메이트는 말할 것도 없다. 룸메이트들은 같은 공간에서 함께 먹고 자고 공부하는 전우로서 더 많은 일상의 사건들을 공유하는 존재이기 때문이다.

룸메이트들은 학과시간이 되면 바쁜 동기를 위해 청소와 정리를 대신해 주기도 하고 선배들로부터 지적을 받고 얼차려로 힘들어 하는 동기를 위해 지적받지 않을 수 있도록 대신 옷을 다림질 해 주거나 구두를 닦아 주는 등 서로를 열심히 도왔다. 때로는 룸메이트의 실수로 방 총원이 함께 훈련받는 연좌제를 경험하면서 신체적인 고통과 정신적 외상을 공유하기도 했다.

다양한 경험과 감정을 공유하는 과정 속에서 자연스럽게 발생하는 룸메이트들에 대한 고마움과 미안함, 즐거움과 슬픔은 룸메이트들이 더욱 각별한 사이가 되도록 동질감과 유대감을 형성하는 촉매제의 역할을 했고 시간이 흐르며 함께 공유하는 경험과 감정이 많아질수록 우리는 더욱 가까운 관계가 되었다.

동기들은 시간이 흐르면서 자연스럽게 서로에게 맞추어 간다. 특히 고학년이 되면서 서로에 대해서 더 많이 이해하고 알 수 있었던 그동안의 시간들 덕분에 서로의 관계에서 적정거리를 찾아가기 시작한다.

결과적으로 동기생들과 더 좋은 인간관계를 형성하게 되는데, 동기생들과 점차 갈등은 줄어들고 공유하는 추억거리는 늘어나면서 생도생활이 더욱 풍성하고 즐거워진다. 고학년이 되면서 생도생활에 더욱 활력과 즐거움이 늘어가는 이유는 자유와 권한의 확대도 있겠지만 선후배, 동기들과의 관계가 더욱 윤택해지기 때문일 것이다.

베트남 수탁생도와 함께 했던 소중한 추억

해군사관학교에는 다른 나라로부터 수탁생도를 받아 대한민국의 생도들과 함께 4년간의 정규교육 과정을 지원하는 제도가 있다. 우리 기수에서는 베트남과 카자흐스탄 해군사관학교에서 파견된 생도 2명이 우리와 함께 4년 동안 함께 공부했는데, 이 제도는 내게 큰 영향을 미쳤다. 내가 해군사관학교 6중대에서 생활하면서 약 1년 반 동안 함께 했던 룸메이트가 베트남 수탁 생도였기 때문이다. 덕분에 나는 언어와 민족의 장벽을 뛰어넘어 진정한 친구를 사귀는 경험을 할 수 있었다.

외국의 수탁생도들은 낯선 타국에서 생활과 의사소통의 어려움 속에서 공부하고 각종 훈련을 받아야 하므로 어려운 점이 많을 수밖에 없다.

처음 내가 베트남 수탁 생도와 함께 룸메이트를 하고자 했던 것은 그를 돕고 싶은 마음도 있었고, 그가 한국에 대한 좋은 인식을 가지고 고향으로 돌아갈 수 있도록 좋은 추억을 남겨 주고 싶었기 때문이었다. 우리는 함께 생활하며 수많은 추억과 경험을 공유하면서 우정을 쌓았다.

하지만 생각과 달리 소통이 어려운 언어와 생활습관, 태도 등으로 인해 힘든 점들도 있었다. 그와 함께 생활하면서 깨달을 수 있었던 나의 부족한 점이 많았기에 그에게 더욱 고맙고 미안하다는 생각도 든다.

그래도 결국 우리는 마음으로 통하는 사이가 되었다. 베트남 동기는 표현과 행동은 서툴렀지만 넓은 이해심과 아량, 선한 마음씨를 가지고 있는 사람이었다. 우리는 소등시간이 되고 하루를 마무리할 때면 침대에 누워 불을 끈 채로 서로의 생각과 하루 일과, 각자의 삶, 인간관계에 대한 진솔한 얘기를 나누곤 했다. 한국 동기들처럼 표현과 의미 전달이 명확하게 잘 이루어지지는 않았지만 의사는 충분히 통했고, 오히려 같은 한국어를 사용하는 동기들보다 더 생각과 마음이 잘 통하는 사람이었던 것 같다.

내 룸메이트 당더미엔과 함께

그와 함께 생활하면서 그를 돕고 챙기는 것이 생각처럼 쉽지는 않았지만 어느덧 우리는 서로의 관계에 조금씩 익숙해져 갔고, 힘들고 어려운 부분도 점차 사라져 갔으며, 즐거움이 자리 잡게 되었다. 학교 졸업식을 앞두고 그가 내게 써 준 편지에 적혀 있던 '따뜻한 마음을 가진 은인'이라는 분에 넘치는 말은 그동안의 내 고생을 보상하고도 남을 여운을 남겼고, 그에게 더 잘해 주지 못한 것에 대한 아쉬움을 남겼다.

가만히 돌이켜 보면 우리는 한국어로 대화를 했다. 1년이 넘는 생활을 함께하면서 내가 베트남어를 전혀 하지 못했던 점에 대해서 미안하게 느껴지기도 한다. 휴가가 끝나고 나면 그가 먹으라면서 가져온 처음 보는 보양식에 입을 대지 못했던 것도 기억이 나고, 밖에서 방으로 돌아왔을 때 우리 방에서 다른 베트남 수탁생도들을 모아 파티를 하고 있던 모습도 기억이 난다. 심지어 내게 여자를 소개해 주기도 했다. 그가 고국으로 돌아가면서 한국에 대해 어떤 생각을 안고 있을지는 모르지만 그 한편에 자리 잡은 내가 좋은 기억으로 남아 있기를 희망한다.

임관 이후에도 동기들은 영원하다

4년간 함께 했던 동기들은 장교로 임관해 각자 새로운 직책을 맡게 되면서 뿔뿔이 흩어진다. 장교생활을 하며 업무를 수행하고 협조하는 과정에서 우리는 선배들과 후배들을 더 많이 접하게 되기에 오랜 시간 함께 했던 동기들을 만나게 되면 그 누구보다 반가운 마음이 든다.

장교가 되어서도 동기들끼리 만나 대화를 나누게 되면 생도시절과 비슷하다. 생도시절에는 그 시절 겪었던 일들이었다면, 장교가 되어서는 장교생활을 하면서 겪은 힘들고 억울한 일, 재미있는 일에 대한 얘기를 나눈다는 점이다를 뿐이다. 나라에 대한 걱정도 하고 건강에 대한 이야기도 나오지만 빠지지 않고 등장하는 주제는 바로 우리들의 생도시절 이야기다.

동기들과 만났을 때 생도시절 얘기는 아무리 해도 끝이 없다. 전부 이미 몇 번은 들었던 이야기지만 다시 들어도 즐겁고 웃음꽃이 피어난다.

생도시절 추억 이야기는 시간이 흘러가면서 조금씩 희미해지고 점점 재미있게 각색되어 간다. 생도시절 우리의 추억은 이렇게 조금씩 전설이 되어간다. 우리끼리 우스갯소리로 나중에 나이가 들어 할아버지가 되어도 똑같은 이야기를 하면서 웃을 것이라고 말하고, 아마 실제로 그렇게 될 것이지만 나중에는 그 이야기가 얼마나 정확한지는 중요치 않을 것이다. 다만 우리가 함께했던 4년의 시간이 결코 짧지 않았다는 사실과 수많은 경험과 감정을 함께 공유했다는 사실, 우리가 함께 했던 시간이 우리 모두에게 소중한 추억으로 평생 동안 간직될 것이라는 사실은 변치 않을 것이다.

장교가 되면서 우리는 각자 개인 숙소를 지급받고 전국 각지에 있는 해군 부대에서 생활하게 된다. 하지만 함정 수리 및 각종 파견 및 훈련, 태풍 피항 등으로 자신이 속하지 않은 타지로 가게 되는 경우가 종종 발생하는데, 거처를 찾아야 하는 상황에서 가장 먼저 떠오르는 사람은 당연 동기생이다.

나는 소위 시절 부산이 모항이었던 강감찬함이 수리를 위해 진해에 왔을 때, 동기의 방을 얻어 함께 생활했다. 마찬가지로 내가 잠수함을 타면서 진해에 있었던 때는 내 방에서 함께 동고동락했던 동기들도 상당히 많다. 거제조선소에서 근무하던 시절에는 조선소에서 숙소를 받았기 때문에 진해에 비어 있었던 내 방이 몇몇 동기생들에게 공용으로 활용되었던 적도 있었다.

우리는 장교가 되어서도 이따금씩 함께 살면서 생도시절과는 또 다른 새로운 추억을 쌓아갔다. 해군장교 생활을 하면서 언제 어떤 상황으로 타지에 가더라도 연락할 사람이 있고 재워줄 사람이 있다는 사실은 감사함이자 행복이며, 동기들과 오랜 시간 함께 했기에 느낄 수 있는 유대감일 것이다.

2함대 사령부에서

2함대로의 복귀

내 군 생활 마지막은 참수리 고속정을 탔던 평택 2함대였다. 이전에는 2함대에서 참수리 고속정을 타며 해상 직책을 수행했다면, 이번에는 2함대 사령부에서 육상 직책을 맡아 업무를 수행하게 되었다.

나는 사령부 계획참모실 작전계획과 작전계획담당으로 부임해 약 4개월간 전시작전을 계획하고 전쟁연습 및 훈련업무를 담당했으며, 이후 8개월간 해군 2함대 및 합동군의 무장운용을 주관하고 협조하는 합동화력담당으로 직책을 수행했다.

2함대 사령부는 내가 전에 근무했던 작전사령부 예하조직으로 함대 내의 작전 및 전력운용, 인원관리 등 함대 내 조직에 대한 총괄적인 지휘 및 운용을 담당하며, 북한과 마주 보고 있는 NLL을 경계로 서해 바다를 수호하는 중요한 임무를 수행한다.

내가 근무했던 작전계획과는 전시 2함대의 작전 및 계획에 대한 교리를 검토하고 개정 및 작성하며, 화력운용을 총괄하는 임무를 맡고 있었다. 주요 업무는 현재의 작전운용 개념을 바탕으로 전시계획을 현 상황에 맞추어 지속해서 대응해나가는 것이었기 때문에 계획과 개선, 검증을 바탕으로 이루어지는 업무들은 내가 일에 흥미를 가지고 재미있게 임할 수 있는 요인이 되었다.

사실 평택에서의 근무는 예상치 못한 부분이었다. 원래 나는 정보사령부에서 잠수함 훈련 장비를 인수했던 경력을 바탕으로 조선소에서 추가 잠수함 전력을 인수하는 인수부대에서 직책을 수행할 예정이었기 때문이다. 하지만 잠수함 인수과정에서 발생한 문제들로 인해 인수시기가 지속적으로 늦어지면서 인사가 예정되어 있었던 부대가 해산되었고, 인원 충원이 필요했던 2함대 작전계획과 작전계획담당이라는 직책으로 오게 된 것이었다.

미 7공군 대원들과 함께

이때는 전역을 생각하고 준비하고 있던 시기였기 때문에 업무강도가 높고 항상 바쁜 것으로 유명한 2함대 사령부에서의 근무는 걱정되는 부분이 많았다. 하지만 결과적으로 2함대 사령부에서의 1년은 그 어느 해보다 배우고 얻은 것이 많았던 한 해로 남았다.

내가 속한 계획참모실은 함대의 전시연습을 주관했다. 흔히 아는 키리졸브훈련(KR), 을지연습(UFG) 등 함대의 다양한 연습을 주관하여 진행하였고 전국가적으로 크게 이루어지는 전시연습이 어떤 계획과 과정을 통해서 이루어지는지 알 수 있는 기회가 되었다. 또 내가 속했던 작전계획과에서는 미군과의 연합훈련 및 업무협조를 담당했기 때문에 주한 미군부대와 필요한 협조사항이 있을 경우 평택에 위치한 주한미군 부대인 캠프 험프리로 출장을 가서 실무 담당자와 협조를 하기도 했다.

각종 연습과 훈련은 주한미군과 대한민국의 전 국가적인 준비가 필요한 작업이지만 계획과 순서에 맞추어 구성원이 각자 역할을 하나씩 준비하면서 막막해 보이는 일도 순탄하게 수행되는 모습을 지켜보는 경험을 할 수 있었다.

군대의 장점인 시스템

군 조직의 가장 큰 장점은 시스템이다. 처음 해군의 지휘체계와 업무를 만들고 진행하는 절차와 방법을 구축한 대한민국 해군의 창시자 손원일 제독과 이후의 해군 선배들이 수많은 시행착오를 거쳐 함정을 운용하고 작전을 수행하면서 조직을 운용하는 시스템을 이룩했고, 우리 또한 마찬가지로 해군의 조직 내에서 갖추어진 시스템에 맞추어 업무를 진행하며 조금씩 수정해나갔다.

오랜 시간 동안 축적된 경험을 바탕으로 군대에서는 모든 업무가 체계적으로 분할되어 있어 조직의 한 구성원으로서 해야 하는 부분을 수행하면 마치 톱니바퀴처럼 부서가 돌아가고 사령부가 돌아가며 군 전체가 잘 운용되는 훌륭한 시스템이 구축되어 있다.

어느 조직이든 성공적인 성과를 내는 조직은 훌륭한 시스템을 갖추고 있다. 나는 2함대 사령부에서 예하조직을 지휘하고 연합연습을 성공적으로 이끌어내는 경험을 하면서 이러한 군대 시스템의 중요성을 직접 체감할 수 있었으며, 예하부대를 지휘하는 함대 사령부의 입장에서 시스템 속의 개인을 위해 개선할 수 있는 구조적, 제도적인 방안도 고민해볼 수 있었다.

발전을 위한 새로운 경험

나는 이 시기 이미 전역을 결정한 상황이었다. 원래 시간적 여유가 있는 직책에서 전역을 준비하고 싶었지만 희망과 현실은 달랐고 내가 통제할 수 없는 환경이 주어진 이상, 나는 사령부의 작전계획과 생활에 최대한 빨리 적응하고 내가 하고자 하는 것을 할 수 있는 나만의 시간을 마련할 필요가 있었다. 이전에도 그랬듯이 '나'라는 사람 자체의 가치를 높이기 위해 사령부 내에서 많은 경험을 통해 새로운 교훈과 깨달음을 얻기 위해 노력했다.

사령부에서의 업무는 부대 전체를 총괄하는 상급부대로서 조직관리와 업무 시스템에 대해 배울 수 있는 좋은 직책이었다. 그만큼 업무가 많고 하루의 많은 부분을 부대 안에서 보내야 했지만, 젊어서 고생은 사서도 한다고 했다 .

예하부대를 지휘 운용하는 사령부의 역할을 직접 느끼고 지휘관과 참모들의 업무태도와 결심 과정을 지켜보면서, 목표를 설정하고 이를 위해 세부 계획을 수립 및 추진하는 과정을 통해 목표를 달성하는 경험을 할 수 있었다.

또 작전계획과에서의 생활은 개인적으로도 발전할 수 있었던 좋은 시간이었다. 국군정보사령부에서 근무하면서 항상 책을 읽고 운동을 하고, 공부하겠다는 나의 다짐은 바쁜 생활 속에서 조금씩 그 의미가 옅어지고 있었다. 특히 처음에는 새로운 업무환경에 적응하고 관련 지식을 쌓는 것이 필요했기에 더욱 바쁜 부분도 있었고, 긴급 상황이 생기면 즉시 들어와야 하는 대기 태세 또한 상당한 피로감을 주었다.

하지만 이런 생활도 조금씩 익숙해지면서 나는 다시 자기계발을 하기 위해 노력하게 되었다. 실제로 시간은 부족한 편이었지만, 시간이 부족하다는 말은 언제나 변명이라는 것을 안다. 휴일 없이 매일 아침 일찍 출근해서 야간 또는 다음날 새벽에 퇴근하는 생활에 적응하면서 나는 시간을 쪼개서 내 시간을 갖기 위해 노력했다. 아침에 한 시간 일찍 일어나 책을 읽거나, 점심시간에 운동을 하고 저녁을 빨리 먹고 공부를 하는 등 나름대로 자기계발을 했다. 다행스럽게도 이런 노력들은 삶에 피곤함보다는 삶의 활력과 자신감을 충족시키며 삶을 긍정적인 방향으로 이끌어 주었다.

나는 2함대 사령부에서 근무하면서 내가 문제라고 생각하는 환경, 당장 내가 현재 통제할 수 없는 현실에서 순응하고 적응하는 것을 배웠다. 과거 불만이 많은 생도였던 나는 순항훈련을 계기로 모든 것에 감사하는 삶을 살게 되었다. 하지만 사령부에서 근무하면서 잦은 야근, 과중된 업무, 태세 유지 등의 업무 환경으로 인해 스트레스를 받기도 했다.

나는 이런 상황과 현실을 인정하고 마음의 평화를 찾으며, 부정적인 에너지보다는 긍정적인 에너지를 가지기 위해 노력했다. 이런 과정 속에서 마음의 여유를 조금씩 찾을 수 있게 되었고 조금씩 내 삶도 여유로워지고 편안해졌다.

사령부 해군장교들은 바쁘다

사령부의 작전계획과에서 근무하면서 크게 느꼈던 사실 중 하나는 해군장교들은 항상 바쁘다는 점이다. 많은 해군장교들은 바쁜 일과와 출동임무, 훈련 등의 영향으로 그들의 삶의 영역은 대부분 군대와 가정, 이 두 가지에만 머물게 되기 때문에 그만큼 삶의 영역이 좁은 것이 사실이다.

특히 잦은 이사로 인해 주말부부로 살아가야 하는 군인의 경우 그들의 삶은 더욱 군대에 편중되는 모습을 보이는데, 삶의 영역이 군대에 집중되면 그만큼 전문성을 다하고 최선을 다하게 되지만 문제가 발생했을 때 이를 극복하는 것이 더욱 어려워진다는 단점이 있다.

삶 속에서 마주치는 다양한 장애물 속에서 마음이 약해지고 흔들리는 상황을 건강하게 극복하기 위해서는 자신만의 시간을 갖는 것이 매우 중요하다. 우리는 개인시간과 취미생활을 통해 스트레스를 관리할 수 있고 마음의 여유를 얻으며 삶의 만족감을 느낄 수 있다. 또한 다방면에 걸쳐 자신의 영역을 확장하는 과정 속에서 새롭게 발생하는 다양한 경험들과 성취, 소속감, 인간관계는 더욱 행복하고 풍성한 삶을 살 수 있도록 만드는 중요한 요소가 된다.

군인이라는 직업 자체가 희생과 성실함이 요구되는 직업이고 직책에 따라서 업무강도의 편차가 큰 것이 사실이지만, 해군장교라면 대부분의 시간은 개인생활 없이 업무에 파묻혀 보내는 시간이 많다. 내가 전역을 결심한 이유 때문이었는지는 모르겠지만 하루 종일 바쁘게 생활했던 그때의 경험은 오히려 내가 많은 생각과 감정을 통해 다양한 가치를 배울 수 있었던 소중한 시간이었다. 지금도 자신의 위치에서 최선을 다해 국가를 수호하고 있는 해군장교들과 모든 군인들의 희생을 알기에 그들에게 항상 감사함을 느낀다.

직업군인이 적성에 맞나요?

적성이 맞는다는 말은 무엇일까. 적성은 '적합한 성질'을 뜻한다. 사람들은 "당신의 적성에 맞는 직업은 무엇이라고 생각하나요?" 라는 질문을 받았을 때 대답을 찾기 어려웠던 기억이 한 번쯤은 있을지도 모른다. 자신에 대해서 생각하고 알아가는 시간이 부족했기 때문일 수도 있고 개인의 적성이라는 개념이 고정된 것이 아니라 지속적으로 바뀌는 성질을 가졌기 때문일지도 모른다.

개인의 적성은 그 사람의 직업에 따라 변화한다. 처음부터 군인의 지휘체계 및 명령체계에 익숙한 사람은 없으며, 공무원 생활과 업무 사이클에 익숙해진 사람은 없다. 영업인의 경우 처음부터 영업이 순탄하게 잘 풀리는 사람도 없을 것이다.

하지만 현재의 결과가 내 적성과 맞는지에 대한 여부를 나타내는 것은 아니기에 조금 더 일을 해나가면서 나 자신에 대해 알아가고 주변 환경에 적응해 갈 필요가 있다.

나 또한 직업군인으로 근무하면서 군인이 적성에 맞느냐는 질문을 많이 받았다. 초급장교 시절에는 그런 질문을 받으면 적성에 맞지 않는다는 말로 힘든 소리를 했던 기억이 난다.

지금 돌이켜 보면 나는 주변 환경에 적응하는 과정이었다. 군 생활을 이어가면서 군 체계에 익숙해지고 조금씩 편해지면서 어느 순간부터 이런 질문을 받으면 적성에 잘 맞는다고 대답하게 되었는데, 적성에 맞지 않는다는 말은 나에게 맞지 않는 일을 지속하고 있는 나 자신을 부정하는 행위이며, 스스로 불행하게 만드는 요소가 된다고 생각했다. 오히려 군대는 내 다양한 적성을 찾아준 감사한 공간이었다.

'적성'은 내가 어떤 일을 하는 데 적합한 능력을 갖추었는지에 대한 성질이다. 적성은 내 노력, 시간에 따라서 갖출 수 있는 요소가 되며, 어느 일이든지 적합한 성질을 갖출 수 있다면 적성에 맞지 않는 일은 없다는 생각을 한다. 어떤 일을 하는 데 적합한 능력을 갖추기 위해 의지를 가지고 노력할 의지가 충만한 것이 적성이라면 나는 모든 일에 적성이 있다고 자신 있게 말할 수 있다.

직업에 대한 사명감

우리는 자신의 업무를 지속해나가는 과정 속에서 자연스럽게 이를 오래 지속하기 위한 이유와 사명감을 만들어 낸다. 우리는 직업을 가지고 일을 해나가면서 힘든 상황에 봉착했을 때, 이를 극복하기 위한 이유가 필요하며 일을 지속하기 위해 우리의 행동을 정당화할 필요가 있기 때문이다. 이러한 사명감은 가족이 되기도 하고 일에 대한 만족감과 성취가 되기도 하며, 때로는 권한과 권력이 되는 등 다양한 요소가 존재한다.

사명감도 마찬가지로 시간이 지나고 다양한 경험을 하게 되면서 변화한다. 나는 해군사관학교 생도시절, 해군의 발전에 소명을 다하겠다는 의욕과 해군장교라는 직업에 대한 사명감을 가슴속에 품고 장교로 임관했다.

임관 이후에는 부여받은 직책을 수행하고 내 역할을 충실하게 완수하는 과정에서의 성취, 인간관계에서의 만족, 국가를 위한 희생과 명예심이 사명감이 되었으며, 군 생활을 마무리하는 단계에서는 다양한 경험을 통해 더 많은 것을 배우고 나 자신을 성장시킬 수 있었던 해군과 해군장교라는 직업에 대한 만족, 더욱 성실하고 열심히 생활하며 더 많은 것을 얻고 싶다는 생각이 해군장교라는 직업을 유지해나가는 사명감이 되었다. 해군장교로서 내가 가졌던 사명감의 밑바탕에는 사랑하는 사람들을 지키고 싶다는 나의 사랑이 자리 잡고 있었다.

에필로그

해군생활을 마무리하며

바다와 바람개비

어느덧 시간은 흘러 바다와 함께했던 나의 해군생활은 끝이 다가오고 있었다. 나는 해군사관학교를 포함한 9년간의 해군생활을 통해 얻은 교훈들과 좋았던 기억들을 다시 한 번 되돌아보면서, 소중한 추억들과 감사한 사람들, 성장한 나 자신을 기록하기 위해 내 해군생활을 정리하기 시작했다.

무작정 시간의 흐름에 따라 기억에 남는 대로 기록했던 글은 어느덧 긴 문장과 여러 쪽의 페이지가 되었고 글을 적는 과정 속에서 스스로를 되돌아보면서 과거의 내가 경험했던 사건들과 그 상황 속 감정들을 다시 한 번 느끼는 경험을 할 수 있었다. 그 안에는 기쁨과 슬픔, 감사함과 안타까움이 자리 잡고 있었으며, 당시의 다양한 감정이 교차했던 것과는 다르게 현재는 모든 것들이 좋게만 기억되고 있었다.

과거의 나는 시간이 흘러 현재의 나 자신이 되었다. 나는 스무 살의 가입교 생도에서 어느덧 스물아홉의 해군 대위가 되어 있었고 9년 동안 해군생활을 하며 겪었던 다양한 경험들은 내 삶을 더욱 풍성하게 만들어 주었다. 교훈과 성찰의 시간 속에서 현재의 나는 과거의 나보다 조금 더 깊은 생각과 넓은 마음을 가진 좀 더 나은 사람이 될 수 있었다.

현재의 나는 과거의 내가 축적된 산물이다. 이는 미래의 나 자신을 위해 내가 현실에 더욱 충실하고 노력하며 살아야 하는 이유가 되며, 나중에 기억으로 돌이켜볼 때 좋았던 추억과 교훈, 발전의 계기가 될 수 있도록 현재의 장애물을 극복하기 위해 최선을 다해야 하는 이유가 된다.

우리는 살아가면서 자연스럽게 수많은 고난과 역경에 마주치게 된다. 이러한 삶의 장애물들은 주로 우리에게 고민과 스트레스로 작용하며, 때로는 시간이 흐르면서 자연스럽게 해결되기도 한다.
하지만 장애물은 이윽고 다시 우리를 찾아오고 우리는 다시 문제를 해결해야만 하는 상황에 직면하게 된다. 그리고 고난과 역경을 이겨내고 극복하는 과정 속에서 우리는 성장하고 성숙한다.

우리는 마주한 장애물을 해결하고 극복하기 위한 시간을 줄이기 위해 고민과 노력이라는 과정을 거친다. 고민과 노력은 지속적인 자아 성찰과 반성, 의식적인 노력을 요구하며 개인이 문제를 해결할 수 있는 능력을 쌓을 수 있도록 돕는다. 이 과정은 당연히 스트레스와 고통이 수반되기에 회피하거나 무기력한 반응을 통해 대응하기도 한다. 하지만 장애물을 회피하거나 무기력으로 대응할 경우 문제는 해결되지 않으며, 결과적으로 우리는 삶의 또 다른 영역에서 또다시 비슷한 문제에 부딪히고 다시 또 회피하게 되는 악순환에 빠지게 된다.

힘들지만 자아성찰과 의식적 노력을 통해 문제를 해결하는 과정 속에서 우리는 문제해결 능력과 통찰력, 직관을 기를 수 있다. 나중에 그 원인이 비슷한 것으로부터 기인하는 비슷한 장애물을 만나게 된다면, 이미 해결했던 문제이기에 과거의 장애물은 더 이상 장애물이 아니게 되는 것이다. 나는 이런 상황을 경험할 때마다 내가 성장했다는 것을 확인하고 행복을 느끼며, 장애물과 부딪혀 어려움을 느끼고 있는 경우에는 이를 해결한 나 자신을 떠올리며 이를 이겨낼 수 있는 에너지를 얻는다.

우리가 고난을 마주했을 때, 고난을 회피하고 무기력으로 대응할 경우 사람은 더욱 약한 사람이 되지만 이를 이겨낼 경우 사람은 더욱 단단해지며 마음의 여유를 가진 사람이 될 수 있다.

나는 앞으로 내 삶에 수많은 장애물과 고난, 역경이 기다리고 있다는 것을 안다. 하지만 나는 문제 해결을 위한 노력과 성찰하는 과정을 통해 교훈을 찾고 성장할 것이며, 결과적으로 과거와 현재의 장애물이 미래에는 더 이상 장애물로 느껴지지 않는 나 자신이 될 것이라는 사실도 알고 있다.

아직 부족하기에 앞으로의 삶에서 다양한 감정을 느끼게 만드는 수많은 장애물들과 직면하겠지만 이를 통해 나라는 사람의 가치가 더욱 높아질 것을 기대한다. 더 나은 사람이 되어간다는 성장의 기쁨은 내가 더욱 현실에 충실하도록 만드는 자극이자 문제 해결을 위해 더욱 노력하도록 만드는 동기가 된다.

나라는 사람의 가치가 높아진다는 것은 문제와 직면하고 이를 해결하는 과정을 통해 성장하고 성숙한 나 자신이 된다는 것이다. 그리고 성숙한 사고와 성품은 곧 자존감과 자신감으로 승화된다. 이 속에서 자연스럽게 형성되는 마음의 여유는 상대방에 대한배려와 관심, 존중으로 표출되며 삶의 선순환을 만들어내는 중요한 요소가 될 것이다.

해군에서 만난 소중한 인연들

해군사관학교를 포함한 해군생활을 돌이켜 보면, 결국에 남은 것은 나 자신과 해군생활을 하면서 만났던 소중한 사람들과의 관계다.

내가 경험한 추억들을 함께 공유하고 나눌 수 있는 사람이 있다는 것은 경험과 추억, 감정을 더욱 풍성하게 만들어주며 나 자신 또한 다른 사람의 추억의 단편으로 남을 수 있다는 의미이기 때문이다.

해군생활을 하면서 다양한 환경에 놓이게 되고 자연스럽게 많은 사람들을 만나게 되지만 특히, 나는 좋은 사람들을 많이 만났던 것 같다. 생도생활을 즐겁게 마치고 졸업할 수 있었던 것은 좋은 동기와 선후배들과 함께 했기 때문이며, 해군장교로서 바쁘고 고된 과정에서도 즐겁게 생활하며 임무를 수행할 수 있었던 것 또한 마찬가지로 내가 만났던 좋은 동료들 덕분이었다.

나는 해군에서 만났던 좋은 사람들과 함께 하며 그들이 가진 장점을 보았고, 그런 모습을 닮아가기 위해 노력했다. 그리고 그들의 존중과 배려를 느끼며 나 또한 존중과 배려를 표현하는 법을 배웠다.

내가 그들을 만날 수 있었던 것에 대해서 항상 감사해 하며 행운이라 느꼈던 것처럼, 나 또한 그들에게 만날 수 있었던 사람이라는 사실이 감사하고 행운인 사람이 되고 싶었다. 그리고 그런 내 마음을 표현하기 위해 나름대로 노력하는 삶을 살고자 했다. 앞으로도 해군 내에서 만난 소중한 사람들과 인연을 지속하면서 감사함을 표현하는 삶을 살고 싶다.

해군생활의 끝에서

나는 고등학생 시절, 해군사관학교에 진학하며 선후배, 동기들과의 우정, 존중과 배려가 넘치는 학교생활을 기대했고, 규칙적인 생활과 운동을 통해 건전한 사고, 튼튼한 체력을 쌓을 수 있기를 희망했다.

처음에는 기대와는 달리 회의감을 품었던 나날의 연속이었지만 결과적으로는 내가 예상하고 기대했던 대로 생도생활을 즐겁게 마무리하며 장교로 임관할 수 있었다. 무엇보다 감사한 일은 단체생활을 영위하는 과정에서 인생의 가장 중요한 가치 중 하나인 인간관계를 배울 수 있었다는 점이다. 또한 모든 것은 내가 어떻게 마음을 먹느냐 하는 것이고, 내가 하기에 달렸다는 사실을 배운 것이다.

길다고 하면 길고 짧다면 짧았을 4년간의 생도생활과 5년간의 해군장교 생활을 통해 내가 경험할 수 있었던 다양한 사건들과 감정은 절대 누구나 할 수 있는 경험은 아니었다고 생각한다. 나는 해군사관학교에서 일반대학에 다니는 대학생으로서의 삶과 생활을 경험하지 못하지만, 반대로 해군사관학교 생도이기에 다양한 가치를 배우고 정립할 수 있었다.
오히려 해군사관학교라는 독특한 환경에 따라 더 많은 생각과 풍부한 감정을 느낄 수 있지 않았을까 하는 생각도 든다. 마찬가지로 일반인이 아닌 해군장교로서의 삶을 통해 군인만의 경험을 통해 많은 깨달음을 얻는 기회도 많았을 것이다.

해군에서 보낸 9년은 상당히 긴 시간이었다. 학생이었던 내가 성인이 되어 처음 경험하게 된 수많은 사건들과 사람들 사이의 상호작용 속에서, 나는 계속해서 새로운 장애물들과 마주치고 이를 해결하는 과정 속에 있었기 때문이다. 그리고 해군생활을 되돌아봤을 때, 좋은 기억으로 남았다는 것은 해군생활을 하면서 나의 노력과 성찰 과정이 내 삶을 더욱 긍정적인 방향으로 이끌었다는 것을 의미한다는 생각에 감사함과 보람을 느낀다.

나는 가입교 기간을 거쳐 생도가 되었고, 장교로 임관하여 수상함과 잠수함, 특수부대와 사령부, 조선소 근무 등을 경험했다. 길게 느껴지기만 하던 시간은 계속해서 흐르고 있었고 나는 어느덧 전역을 앞두고 있었다. 그리고 현재는 추억으로 남은 내가 경험하고 느꼈던 사건들과 감정의 배경에는 항상 바다가 있었다. 나는 내 20대를 바다와 함께 했다.

나는 20대를 바다와 함께하면서 글로 다 적지 못한 수많은 사건들을 경험했으며, 다양한 사람들과 관계를 맺었다. 그리고 나를 둘러싼 모든 상황들은 내게 훌륭한 경험이 되었다. 과거에 문제였고 고민이었던 부분들은 어느 순간 해결되었고, 나는 조금 더 성장해 있었다. 그리고 나 자신에 대해서 고민하는 과정 속에서 나 자신에 대해서 더 많이 알게 되었다. 시행착오를 거치며 깨닫고 변화한 나의 삶에 대한 태도는 내 삶을 좀 더 긍정적인 방향으로 이끌어 주었다.

9년의 시간은 내게는 명예로웠던 시간이자 내가 수많은 가치를 정립하고 느끼며 성장할 수 있도록 하는 거름이 된 시간이었다. 나는 해군에서의 세월이 전역 후 더욱 풍성한 열매를 맺을 수 있는 단단한 기반과 뿌리가 될 것이라 믿는다. 이제는 이를 바탕으로 사회에 나가 열매를 맺기 위해 노력할 차례가 되었다.

5년차 전역 : 후회는 없다

사관학교 출신 장교는 국비를 지원받아 4년 동안 장교양성 과정을 거치기 때문에 기본적으로 장기 자원으로 분류된다. 장기 자원인 사관학교 출신 장교의 의무복무기간은 10년이다. 대다수 사관학교 출신 장교들은 군 복무를 계속하지만, 전역을 희망하는 장교들을 위해 의무복무 기간인 10년 이전인 5년차에 한 번 전역을 할 수 있는 기회가 주어진다. 나는 5년차 전역을 했다.

나는 규칙적인 생활과 운동, 공부를 병행할 수 있는 삶을 기대하며 해군사관학교에 진학했다. 안정적인 진로와 나라를 지키는 명예로운 직업이라는 점 또한 군인이라는 직업의 매력이기도 했다. 실제로 내가 경험했던 군 생활은 기대처럼 명예로운 직업이자 나 자신이 지속적으로 발전할 수 있는 시간이었고, 나는 해군생활을 통해 끊임없이 문제와 부딪쳤고 이를 해결해나가기를 반복하면서 나 자신에 대해 더욱 알아가는 기회를 얻을 수 있었다. 내가 어떤 사람인지, 내가 어떤 것을 하고 싶어 하는지, 무엇을 잘할 수 있는지에 대해서 알아가는 과정 속에서 나는 직접 내 삶을 주체적으로 설계하고, 도전하고 시도하는 삶을 살고 싶다는 생각을 하게 되었다.

나는 소위로 임관하면서, 장교 5년차를 마무리하며 전역을 하게 될 것인지 아닐지 짐작할 수는 없었지만, 항상 가능성을 열어두고 있었다. 5년차의 기로에서 전역을 결정할 때 경제적, 능력적인 요인이 전역에서 현실적인 변수가 되어서는 안 된다고 생각했기 때문에, 내 목표는 5년 뒤 군 생활을 마무리하더라도 문제없을 준비와 자신감을 갖추는 것이었다. 전역을 하지 않더라도 내가 준비한 요소들과 자신감은 내 삶과 군 생활을 더욱 윤택하게 만들어 줄 것이라 믿었다.

나의 이런 노력은 지속적으로 발전하기 위한 삶을 살도록 하는 촉매제의 역할을 했다. 그리고 어떤 삶을 살게 되더라도 선순환과 성취를 만들어 내는 가장 중요한 요소인 인격과 성품, 업무능력, 인간관계, 삶의 태도, 건강, 자신감을 키우기 위해 노력했다. 전역을 할 수도 있다는 생각은 내 군 생활을 더욱 알차게 만들었고 성장할 수 있는 여러 기회를 만들어 주었다.

내 마지막 근무지였던 2함대 계획참모실에서 동료들과 함께

도전하는 삶

우리는 직장에서 오랜 시간을 보낸다. 일을 하면서 동료들과의 관계를 통해 자연스럽게 새로운 것을 배우고 성장하며 삶의 가치를 배운다. 그만큼 직장은 개인의 삶에 중요한 부분을 차지하며, 어떤 일을, 어떤 사람들과 함께

하느냐에 따라 그 사람의 삶도 변화하게 된다. 해군은 나의 삶을 더 나은 방향으로 변화시켜 주었다.

나는 해군생활을 하면서 해군이 계속해서 개선되고 발전하는 과정을 경험했다. 다양한 자리에서 노력하는 훌륭한 동기, 선후배, 전우들이 해군을 더좋게 만들기 위해 노력하는 과정을 직접 목격하면서 나는 해군에 대한 비전을 느꼈다. 그래서 해군생활은 항상 즐겁고 감사한 나날들이었다.

군인으로 복무하면서 내 삶을 주체적으로, 능동적으로 살아가고 싶다는생각을 하게 되었다. 나 자신을 계발하는 과정 속에서 나라는 사람의 가치가 세상에서 어느 정도 통할 수 있을지 도전해보고 싶었다. 한 번뿐인 삶, 최선을 다해 살아보고 싶었다. 이런 생각들은 전역을 마음에 품고 있던 나에게확신을 가져다 주었다.

전역에 대한 생각을 품으니 사회에 나가게 되면 어떤 일을 할 것인가라는질문이 자연스럽게 뒤따라왔다. 나는 이런 고민을 하면서 다양한 직업에 대해서 관심이 생겼는데, 요즘 인기가 많은 공무원, 공기업, 대기업, 전문직 등등 다양한 직업들을 고려해보게 되었다. 내가 전역을 해서 다른 일을 하게 된다면, 해군장교로 근무하는 것을 명예로운 직업이라 생각하고 자부심을 느낄 수 있었던 것처럼, 새로운 일 또한 내게 그런 직업적인 사명감과 자부심을 느낄 수 있는 직업이어야 했기 때문이다.

하지만 어떠한 직업도 군인만큼 명예롭고 가치 있는 직업은 없다는 생각이 들었고, 그래서 나는 직접 가치를 만드는 사람이 되고 싶었다. 내가 생각한 것을 실현시킬 수 있는 사람이 되고 싶었다. 내가 직접 일을 만들고 나로인해 도움을 받는 사람이 생기고 긍정적인 에너지와 선한 영향력을 행사할수 있는 일을 해야겠다고 결심했다.

스스로의 다짐

내가 성공과 행복을 위해 필요하다고 생각한 경제적 요소, 인격과 성품, 건강과 습관, 태도와 생각, 지식과 도전은 각자 독립적인 요소가 아닌 상호 작용을 하면서 더욱 발전적인 시너지를 만들어 낸다. 삶의 선순환을 만들어 내는 주체는 나 자신이며, 행복 또한 내가 만드는 것이다.

나를 둘러싼 모든 사건은 나를 성장시키는 좋은 기회다. 좋은 경험은 있는 그대로 좋고 행복한 기억으로 내 자존감과 행복을 형성할 것이며, 앞으로 내 인생을 살아가는 에너지가 될 것이다. 반대로 힘든 기억은 교훈을 주고 내가 부딪칠 수 있는 문제들에 대한 나의 능력을 키워 줄 것이다. 나는 내 삶과 환경에 항상 감사한다.

내가 목표를 설정하고 이루기 위해 노력하며 살아간다면 그에 상응하는 기회와 행운이 찾아올 것으로 믿는다. 그것이 가시적인 결과물이 아닐지라도 얻을 수 있는 것은 반드시 있으며, 이러한 결과들은 내 삶을 더욱더 주도적이고 발전하는 삶을 살도록 도와 줄 것이다. 미래에 대한 목표와 이를 위해 노력하는 기쁨, 성취는 내 삶을 더욱 풍요롭고 행복하게 만드는 선순환을 만들 것이며, 같은 시간을 살더라도 상대적 시간의 측면에서 더 길고 유익한 삶을 살 수 있도록 만들어 줄 것이다.

내가 해군사관학교에 진학한 것, 그리고 내 인생의 일부를 해군으로서 살 수 있었다는 것은 행운이자 행복이었다. 전역을 하게 된 지금 미래에 내가 뭘 하고 있을지는 알 수 없지만 내가 어떤 삶의 형태를 영위하며 어떤 모습으로 살고 있을지에 대해서는 어렴풋이 알 수 있을 것 같다. 끊임없는 부딪힘 속, 나에 대해 조금씩 알아가는 과정 속에서 내 삶의 방향성은 설정되었기 때문이다.

"하늘은 스스로 돕는 자를 도우며, 하고자 하는 사람에게는 방법이 보인다."

이 말은 나 스스로에 대한 다짐이자, 내가 앞으로 나아가도록 만드는 힘의 원천이다.

사관학교 생도와
해군장교생활 9년의 기록

**해군사관학교에서
바다의 리더십을 배우다**

지은이 전의진
발행일 2020년 4월 17일 초판 1쇄
　　　　2021년 10월 27일 초판 2쇄
펴낸이 양근모
발행처 도서출판 청년정신 ◆ **등록** 1997년 12월 26일 제 10―1531호
주　소 경기도 파주시 문발로 115 세종출판벤처타운 408호
전　화 031)955―4923 ◆ **팩스** 031)624―6928
이메일 pricker@empas.com